歐陽予倩回憶錄
——自我演戲以來

歐陽予倩　原著
蔡登山　主編

導讀　歐陽予倩與張謇、梅蘭芳在南通

蔡登山

張謇（一八五三－一九二六）是中國近代史上一位具有重要影響的人物。胡適在《南通張季直先生傳記》的序中，就曾指出：「他獨立開闢了無數新路，做了三十年的開路先鋒，養活了幾百萬人，而影響及於全國。」張謇是中國近代實業家、教育家。字季直，號嗇庵，江蘇南通人。清光緒甲午科（一八九四）狀元，授翰林院修撰，時值中日甲午戰爭新敗，鑑於當時政治革新無望，他決心投身興辦實業和教育。一八九五年他在南通開始創辦大生紗廠。後又舉辦通海墾牧公司、大達輪船公司、復新麵粉公司、資生鐵冶公司、淮海實業銀行等企業，並投資江蘇省鐵路公司、大生輪船公司、鎮江大照電燈廠等企業。並先後創辦通州師範學校、南通博物苑、女紅傳習所等。他認為實業、教育才是一國「富強之大本」。他曾參與發起立憲運動，一九〇六年成立預備立憲公會，一九〇九年被推為江蘇諮議局議長，為清末立憲運動主要代表之一。辛亥革命後任南京臨時政府實業總長但並未就職，他擁護袁世凱，並組織統一黨與國民黨對抗。一九一三年任袁政府農商總長，一九一五年因不滿袁世凱公然恢復帝制，始辭職南歸。在南通繼續辦理實業和教育，提倡尊孔讀經，抵制新文化運動。一九二五年大生紗廠因虧損嚴重被接管，次年八月病逝。著有《張季子九錄》、《張謇函稿》、《張謇日記》、《嗇翁自訂年譜》等。

張謇在以恢宏的業績成為中國早期現代化事業的開拓者的同時，他也傾心傾力地提倡戲劇改革和戲劇教育。其實早在二十世紀初，張謇就曾提出吸收西學、改革舊文化的主張。當代著名的戲劇理論家張庚教授在《張謇與梅蘭芳》一書的序中說：「作為我國近代先驅者的嗇公，晚年猶致力於『建設一新世界雛型』，即以南通自治之成就示範全國。他是實業與教育並舉。而戲劇，『不僅繁榮實業，抑且補助教育之不足』，故擬在南通也把戲曲事業開創起來。季直先生雅好崑曲、京劇，然對舊戲曲之弊病亦深有體認。他認為，戲曲之發展，『訂舊』與『啟新』二者不可缺一。『訂舊從改正腳本始，啟新從養成藝員始。』人才是關鍵。沒有新的藝術人才就不可能有新的戲曲藝術。所以他既要建造新式劇場，還要興辦新式戲曲教育。」

張謇是晚清時「恩科」狀元，有著很深的文學造詣，對於戲劇也有獨到的見解。一九一四年張謇與梅蘭芳初識於北京，當時，張謇任北京政府的農商總長兼全國水利局總裁，梅蘭芳在戲劇界聲名鵲起，馳譽京滬。而梅蘭芳在一九一三、一四年兩次赴上海演出後，決心改良舊劇，創演新劇，塑造新的舞臺形象。梅蘭芳在《舞台生活四十年》談到這個因由時說：「我初次由滬返京以後，開始有了排新戲的企圖，過了半年，對付著排出了一本《孽海波瀾》。等到二次打上海回去，就更深切了解了戲劇前途的趨勢是跟觀眾的需要和時代而變化的。我不願意還是站在這個舊的圈子裡不動，再受它的拘束。我要走向新的道路上去尋求發展，我也知道這是一個大膽的嘗試，可是我已經下了決心放手去做，它的成功與失敗，就都不成為我那時腦子裡所考慮的問題了。」張謇愛惜人才，樂於獎掖後進，對梅蘭芳的謙誠及良好的藝術素質，更加讚賞，曾多次寫詩給他，以示鼓勵。一九一六年十月梅蘭芳第三次赴滬演出，張謇聞訊，也來上海，命人持函約梅蘭芳相見，梅覆函應允拜會。會見當日，張謇借友人住宅設宴款待，同赴宴會的還有王鳳卿、姜妙香、姚玉芙等人。張謇稱讚梅蘭芳演藝的精進，同時對他的《黛玉葬花》劇中〈看西廂〉一段的一些細節提出質疑。由此看出張謇對梅蘭芳在演藝方面的見解，還是很內行的。

張謇崇尚教育救國，他看中了戲曲通俗娛人、開啟民智的特殊作用，因此早就著意於辦戲校，造劇場。但此事必須由內行的人來操辦，張謇首先想到的是梅蘭芳。張庚教授認為，其時，張謇雖認識梅蘭芳已有四年，從北京到上海，多次觀賞過梅蘭芳的演出，且私下也略有接觸。張謇認為：在南北梨園界，梅蘭芳是最有希望的青年。他不僅看重梅蘭芳的天賦條件和藝術才華，還十分喜愛梅蘭芳的溫潤謙誠的品性，視梅蘭芳如「赤水之珠，瑤華之玉」，並有決心：「願將香海雲千斛，常護阿難戒體清。」直把梅蘭芳當作自己的弟子，要常加呵護，以助其成功。因此在一九一七年七月張謇贈梅蘭芳詩中就有「老夫青眼橫天壤，可憶佳人只姓梅。」的句子。張謇為辦戲校，曾多次寫信給梅蘭芳，就師資、學員、經費、教育，等方面跟梅蘭芳反覆商討，其中有封信說：「世界文明相見之幕方開，不自度量，欲廣我國於世界，而以一縣為之嚆矢。至改良社會，文學不及戲劇之捷，提倡美術、工業不及戲劇之便，又可斷言者。」一九一七年十月他致梅蘭芳函更云：「吾友當知區區之意，與世所謂徵歌選舞不同，可奮袂而起，助我成之也。」梅蘭芳也深知此事的重要，然因當時的心思全在舞臺藝術上，又有畏難的情緒，因此婉言謝絕了張饗的邀請。後來辦戲校這事就由歐陽予倩來承擔了。

歐陽予倩（一八八九－一九六二）原名歐陽立袁，原籍湖南瀏陽人。一八八九年五月一日出生於書香官宦家庭。祖父歐陽中鵠曾任廣西桂林知府，是晚清著名學者。當年戊戌變法的主要人物譚嗣同、唐才常都是歐陽中鵠的學生。所以歐陽予倩從小就受到良好的古文教育和維新派思潮的影響。一九〇四年他赴日本留學，先後就讀於成城中學、明治大學商科、早稻田大學文科。在日本學習期間，他苦讀在校課程，還抓緊時間飽讀易卜生、莫里哀、莎士比亞等世界大師的劇作，以及日本現代作家菊池寬、武者小路實篤等人的作品。在表演藝術方面，他曾向以細膩表演著稱的日本著名演員河合武雄學習。一九〇七年在東京加入中國最早的話劇演出團體——春柳社，與李叔同（即弘一法師）及其他成員，共同演出了由曾孝谷根據斯托夫人的小說《湯姆叔叔的小屋》編創的話劇《黑奴籲天錄》。這是中國人演出的第一個完整的話劇，當時也稱為「文明新戲」。一九一一年回國，組織新劇同志會、文社、春柳劇場等新劇團體，成為中國話劇運動的開拓者之一。

大約在一九一二年間歐陽予倩來到上海，起初他在上海恢復留日時期創辦的「春柳社」，致力新劇。後來他對京劇發生了興趣，曾加入「春雪社」票房，和江夢花、林老拙、吳我尊、王頌臣、羅亮生、朱鼎根等人一起研究京劇。「春雪社」的教師是邵濟舟，琴師是張翰臣，歐陽予倩的戲是學的余紫雲（清末名旦、余叔岩的父親）那一派，他因為林老拙的關係而有機緣得當時在上海做寓公的票友林紹琴指點。林紹琴是福建人，曾正式拜余紫雲為師，得余真傳。同時歐陽予倩的戲也得到過名旦陳祥雲的指點，也曾向吳我尊學過京劇，他和吳我尊是留日的同學。一九一五年歐陽予倩下海，成為京劇職業演員，初臨丹桂第一舞臺，後搭亦舞臺和天蟾舞臺，演唱的都是余紫雲那派的青衣正工戲，如《玉堂春》、《祭塔》、《祭江》、《落花園》、《教子》、《彩樓配》等。後來應夏月潤之邀，參加九畝地的新舞臺，開始編排新戲，尤多取材於《紅樓夢》劇目，如《葬花》、《補裘》、《撕扇》、《送酒》等，俱做古裝，別開生面，使當時的京劇觀眾耳目為之一新。陳祥雲和他同台配戲，讓演出更是生色不少，尤以《黛玉葬花》一劇最負盛名。歐陽予倩還在從不演唱京劇的外國人開的「謀得利」戲院演出過，當時報上讚揚他：「嗓音極佳，即剛且雋，雖扮相平平不及梅，好在歐戲注重做工表情，不以色媚人。」此時歐陽予倩聲譽日隆，與梅蘭芳不相上下，遂有「南歐北梅」之稱譽。梅蘭芳在《舞台生活四十年》曾經談到：「我是在北京排『葬花』，上海也有一位排『葬花』的，就是歐陽予倩先生了。我們兩個人一南一北，對排紅樓戲，十分有趣。」但據曹聚仁說梅蘭芳演的只有《黛玉葬花》、《千金一笑》、《俊襲人》、《怡紅群芳開夜宴》四齣，而歐陽予倩演出的有《晴雯補裘》、《黛玉葬花》、《饅頭庵》、《寶蟾送酒》、《鴛鴦剪髮》、《黛玉焚稿》、《負荊請罪》等九齣，遠超過梅蘭芳。

這時期，歐陽予倩不僅編演京劇紅樓戲，還同時演出話劇，而且不時發表自己對戲劇發展的看法。一九一八年歐陽予倩在上海日本人辦的《訟報》上發表了〈予之戲劇改良觀〉一文，他在文中除感慨「今日之劇界腐敗極矣」之外，還提出了改革的主張：一是劇本「貴能以淺顯之文字，發揮優美之思想」。他認為「劇本應當有美的具體化的情緒，有適合時代的中心思想，有詩的文辭，劇的行為，有鮮明的性格，有表演的技巧，須求整個的完成，不取片段的齊整。」；二是「須養成演劇之人才」，組織俳優養成所，募集十三、四歲學童訓練之。他的第二條意見正好與張謇不謀而合。張謇知道歐陽予倩藝通中外，又對創辦戲校有一套設想，於是就派人邀請歐陽予倩到南通晤談。一九一九年五月歐陽予倩應邀赴南通，商談後，歐陽予倩接受張謇聘請到南通創辦伶工學社。

張謇對邀請歐陽予倩來主持伶工學社校務，是寄予厚望的。他在給梅蘭芳的信中就這樣寫道：「予倩文理事理皆已有得，意度識解，亦不凡俗，可任此事。」可見他對歐陽予倩的學識、人品和才幹是相當滿意的。因此，張謇給予了歐陽以極大的信任，先是派他偕薛秉初等人上北京為伶工學社招收學員，接著又前往日本考察新式劇場及管理制度。回國後，讓他主持伶工學社的校務工作，又負責對更俗劇場的圖樣審定。更俗劇場落成後，又由他主持制定了劇場的規章制度，全面負責劇場的行政管理。而歐陽予倩也深感張謇對他的器重，遂以自己卓越的才識和踏實的工作，把伶工學社和更俗劇場的工作搞得有聲有色。

南通伶工學社初創時，只側重崑曲，延清末南方崑曲名旦施桂林任教。歐陽予倩到校後，改以教授京劇為主。並進行改組，張謇掛了個校長名義，由歐陽予倩任副校長，負責實際工作，兼教青衣和新劇，吳我尊擔任教務主任，戚豔冰擔任訓育主任兼編導，趙玉珊講中外戲劇史，聘請名家趙桐珊（芙蓉草）、馮春航（小子和）、高秋萍、潘海秋等人為教授兼編導。教師有教老生的程君謀、張彥芝，教文武老生的張榮奎，教武生的張德祿、周慶恩，教老旦的文容壽，教武旦的水上飄，教花臉的劉鐘林，教丑角的賀雲祥，以及潘海秋兼教小生，馮子和兼教花旦，施桂林、薛瑤卿、陳阿寶教崑曲，此外還聘請劉質平、潘伯英教音樂，陸露沙教美工，和一位女教師教舞蹈，可謂行當齊全，人才濟濟。

南通伶工學社可說是中國最早的一所培養京劇演員的新型學校。它不同於舊科班的地方，是採用現代教學方法。歐陽予倩親自擬訂了學校簡章和各種制度，他宣佈伶校是「為社會效力之藝術團體，不是私家歌僮養習所」；「要造就戲劇改革的演員，不是科班」，學校並廢止任何體罰。學制為七年，五年畢業，實習義務二年。招收學生年齡十一歲至十三歲，要求有高小文化程度。歐陽予倩創辦伶校，是為了改革舊劇、創造新劇，培養一批有思想、有知識的演員。因此在課程設置方面，是戲曲專業教育與文化教育並重。根據扶海生〈南通「伶工學社」追憶〉一文（一九三八・十・二〇《十日戲劇》三十五期）說：「科分：崑曲、京劇、音樂（國樂、洋樂）、新劇（話劇）。此外兼授國文、洋文、書畫（國畫、洋畫、臉譜）、中外戲劇史、珠算、時事常識各課。星期日下午在校，彩排實習，每朔望，赴『更俗』演日戲二次。自八年（一九一九年）起，每晚令高級生赴『更俗』輪演。逢新戲則全體合演。」

而歐陽予倩為了讓課堂教學與舞臺實踐兩相結合，在創辦的伶工學校時，就著手劇場的建造。劇場建在南通桃塢路西端，於一九一九年夏天動土，劇場有兩層，約一二〇〇個座位。以日本、上海的新式劇場為參考，其設備在當時確屬第一流的。同年重陽節劇場落成，取名「更俗劇場」，意思是除舊佈新，移風易俗。劇場台前掛有張謇所書的對聯曰：「真者猶假假何必非真，看諸君粉墨登場領異標新，同博尋常一笑粲；古或勝今今亦且成古，歎三代韶音如夢穹本知變，聊應斟酌百家長。」另有其子張孝若的對聯曰：「好樂其庶幾，鐘鼓之聲管龠之音，請言乎與人與眾；立方以感善，鄉里之中閨門之內，同聽者和順和親。」將寓教於樂的深意，表現其中。

一九一九年十一月，更俗劇場舉行開幕儀式，張謇特地邀請梅蘭芳劇團擔綱演出。他雖然曾婉謝張謇邀他主辦戲校，但對張謇籌建戲校的舉措是很支持的，如今張謇邀他作開幕演出，當即欣然應承。當時他正在漢口大舞臺演出，演唱完後，馬上與朱素雲、姜妙香、姚玉芙以及齊如山、許伯明等坐上江輪直達南通。當夜，張謇就設宴為梅蘭芳一行接風。

第二天，張謇請梅蘭芳一行參觀伶工學校和更俗劇場。梅蘭芳稱讚伶工學校在那時南方，是開風氣之先，唯一的一個訓練戲劇人材的學校。接著，歐陽予倩陪同梅蘭芳一行去參觀更俗劇場。當前台經理薛秉初把梅蘭芳、歐陽予倩等人迎到這裏，梅蘭芳一抬頭就看到了高懸著的「梅歐閣」橫匾，並且認出乃出於張謇的手筆，對張謇如此的厚意十分感動。步進屋內，左右壁上掛了梅蘭芳和歐陽予倩的照片，以示珠聯璧合。旁邊還掛有一副張謇自撰自書的對聯：「南派北派會通處，宛陵廬陵今古人。」南派、北派指歐、梅各自代表的京劇南北兩派，宛陵是指宋代詩人梅堯臣，廬陵指宋代詩人歐陽修，下聯以梅堯臣、歐陽修的籍貫暗切梅蘭芳和歐陽予倩的姓氏，張謇以這種獎掖方式，倡導和衷共濟，促進南北藝術之交流、融通，才有利於戲曲事業的繁榮進步。「伶史同與時代新，領袖正須英絕人。」在張謇心目中，梅蘭芳與歐陽予倩都是能把戲曲推向新時代的英傑。據張謇之子張孝若解說，張謇之所以建此梅歐閣，是認為「梅蘭芳、歐陽予倩的各樹一幟」，「有調和聯合、共圖中國戲劇改良、光明藝術之必要」。而梅蘭芳也回憶說，這個梅歐閣乃是張謇為了「紀念」他和歐陽予倩兩位的「藝術」而設的。可見，張謇是將歐陽予倩與梅蘭芳看作他的左臂右膀的。張謇還作一詩來表達其中含意，詩云：「平生愛說後生長，況爾英蕤出輩行，玉樹謝庭佳子弟，衣香荀坐好兒郎。秋毫時帝忘嵩岱，雪鷺彌天足鳳凰。絕學正資恢舊舞，何君才藝更誰當。」

那天晚上即舉行開台演出，梅蘭芳的戲目是《玉堂春》。梅蘭芳、歐陽予倩同台獻藝十日。在十天光景裡，與梅蘭芳同台的有王鳳卿、姚玉芙、魏蓮芳、李壽山、姜妙香等，演的戲碼有崑曲《佳期》、《拷紅》、《思凡》，新排的京戲《嫦娥奔月》、《木蘭從軍》、《千金一笑》等。特別有意思的是，梅蘭芳和歐陽予倩同台演出了《思凡》、《琴挑》等名劇。梅蘭芳雍容端莊，圓潤甜美，歐陽予倩淡雅俊美，清越舒展，各具風格，張謇的兒子張孝若形容是：「二妙一台收，陽春白雪流。」而觀眾也目睹了「南歐北梅」的多姿風采。一九二〇年一月十三日，張謇在日記寫道：「觀浣華（即梅蘭芳）《葬花》、予倩《送酒》，可謂異曲同工。」此外，張謇在看了歐陽予倩演出的《送酒》、《愛情之犧牲》、《饅頭庵》、《一念之差》和《青梅》等劇及梅蘭芳演出的《葬花》、《驚夢》、《千金一笑》、《女起解》、《鬧學》、《木蘭從軍》、《嫦娥奔月》、《奇雙會》、《醉酒》、《琴挑》時，都分別寫下〈傳奇樂府〉以抒其觀後之感想。一些戲劇愛好者，也以雋詞妙句稱頌。張謇為此編印了《梅歐閣詩錄》記此盛事。

梅蘭芳在南通的演出十分轟動，劇場天天爆滿，張謇本想多留梅蘭芳幾天，無奈他已接受了上海方面的邀請，只能依依不捨地離開南通。一九二〇年一月二十四日，梅蘭芳仍由大和輪送至浦口，臨行時，張謇及地方士紳送至城外「候亭」（張謇為梅蘭芳來南通而趕建的），並有〈候亭送梅郎二絕句〉詩云：「昨日來時江有風，今朝歸去日融融。天意為郎除恐怖，明年歡喜到南通。」及「緣江大道接郊坰，碧瓦朱楣跨候亭。今日送人開紀念，平原草白麥苗青。」兩首詩。

同年五月二十六日，梅蘭芳第二次到南通，同行的還有王鳳卿，仍是張謇派專輪去迎接。這次梅蘭芳在南通只演出三天，劇目有《天女散花》、《玉簪記》、《黛玉葬花》、《嫦娥奔月》等，二十九日晨便因祖母電促匆匆離開。梅蘭芳寫了三首唱和詩，感謝張謇的情意。其中一首寫道：「積慕來登君子堂，花迎竹戶當還鄉。老人故自矜年少，獨愧唐朝李八郎。」另一首寫道：「公子朝朝相見時，寓中日影到花枝。輕車已了尋常事，接坐方驚睡起遲。」第三首是：「人生難得是知己，爛賤黃金何足奇。畢竟南通不虛到，歸裝滿篋嗇公詩。」對張謇的厚愛，充滿感激之情。兩年後，一九二二年六月十日梅蘭芳第三次到南通，當晚即演出一場，次日又連演兩場，因正在組織「承華社」的事務緊迫，演出後，即離開南通返京。此行主要是為慶賀張謇七十大壽，雖然來去匆匆，但張謇還是陪梅蘭芳參觀了伶工學社的新校舍。

張謇與梅蘭芳最後一次晤面是一九二四年初，張謇因事去上海，恰逢梅蘭芳在滬演出。應邀連看三場，劇目依次是《紅線盜盒》、《霸王別姬》和《洛神》。張謇看後連連稱讚梅蘭芳的藝事精進及其塑造舞臺形象的超凡能力，並對三劇中待完善之處，提出了商榷意見，尤其對《洛神》一劇，從排場、語言到道具等處均涉及到，希望它成為神話歌舞的開創性作品。一月十七日張謇離上海回南通後，又寫下〈喜晤浣華旋別〉詩一首贈給梅蘭芳。梅蘭芳早有赴美演出計劃，他曾寫信徵求張謇的意見，張謇回信說：「此行為名為利，須先審定；即云為名，為一人之名，為一國之名，須先審定；為一人之名，則助少效薄，為一國之名，則助多效大，須審定。須知何劇合歐美人觀念心理，不宜單用二簧。劇本恐須改編，不合外人觀念的，須刪節潤色。」許多層面張謇都想到了，可見他是如何高瞻遠矚的。一九二四年，張謇還特為梅蘭芳擬定了「出行大要」十四款，囑望梅蘭芳此行「能代表一國之美藝」，為國爭光。可惜的是梅蘭芳後來延遲出訪，等到他一九三〇年訪美成功歸來時，張謇已辭世四年矣，沒來得及共享他的榮耀。

一九二六年八月二十四日，張謇因病去世，噩耗傳到北京，梅蘭芳當即致電其子張孝若：「太翁仙逝，至深哀悼，謹唁。」唁電雖極簡短，但失去一位彌足敬重的良師益友，梅蘭芳心中的悲傷，是難以用文字來表達的。

張謇與梅蘭芳相識相交於那個年代，儘管他們各自的社會角色不同，年齡也相差近四十歲，但客觀條件的差異，並未妨礙他們為弘揚傳統戲曲藝術而建立起的情誼。他們這段忘年之交，迸發出的美好燦爛的光芒，促進了中國傳統戲曲藝術的改革發展，無疑是他們交往中最可寶貴的。

反觀之，歐陽予倩在南通主持校務三年，這是他對京劇改革的初步實踐，但在當時的社會，他的主張必然遇到曲折和障礙。在他和張謇友誼甚篤之時，就有不期之憂。一九一九年十二月，歐陽予倩給袁寒雲的信就有「懼不克終」的字眼，沒想到卻一語成讖，在一九二一年底，歐陽予倩終於懷著極端失望的心情，把校務交給了吳我尊，毅然離開南通，重返舞臺。他在《自我演戲以來》一書中不無感慨地說：「我到南通住了三年，本抱有幻想，不料一無成就，……唯有抱著無窮的煩悶，浮沉人海而已！」」。

究竟是何原因，使得張謇與歐陽予倩終至不歡而散、分道揚鑣呢？歐陽予倩在《自我演戲以來》書中說：「張季直待我不錯，我也以長者尊敬他。不過彼此思想很有距離，他到底不失為狀元紳士，我始終不過是一個愛演戲的學生罷了。」學者欽鴻則指出兩人的思想差距：「張謇言之鑿鑿，他要改的主要是舊劇中『地理歷史』方面的『舊之謬誤』和『風俗人事』方面的『舊之卑劣粗惡』，可見其主張更多的還是一種戲劇的改良，而不是根本性的改革；他所提倡的『通俗之教育』和『勸懲』（即勸善懲惡）。而歐陽予倩則不然，他十分強調戲劇『代表一種社會，或發揮一種理想，以解決人生之難問題，轉移謬誤之思潮』，也即注重戲劇的教育作用、對於社會人生的干預作用。因此張謇與歐陽予倩兩人的合作，一開始就隱藏著深刻的矛盾，只是當時為改革舊劇的共同熱忱所掩蓋而已。但隨著合作的深入、事業的進展，這種矛盾的愈益突出而尖銳，是勢所必然的了。」

除此而外，學者欽鴻更提出了張謇與歐陽予倩在藝術趣味上是有所歧異的，他說：「歐陽予倩先學話劇後攻京劇，而且比較注重藝術上的革新，敢於大膽突破陳規，以順應時代要求。而張謇則比較喜歡梅蘭芳端莊典雅、優美俊秀的表演風格和精雕細刻、嚴謹唯美的藝術追求。因此儘管如張孝若所說，張謇『對於梅蘭芳、歐陽予倩的各樹一幟，都覺得有調和聯合、共圖中國戲劇改良、光明藝術之必要』，但從個人的藝術趣味來說，張謇在梅蘭芳與歐陽予倩兩人中顯然更喜歡前者。故而他在考慮伶工學社主持人的人選時，首先想到的就是梅蘭芳，後來之所以會定為歐陽予倩，完全是因為梅蘭芳未予應允，他在不得已之下才退而求其次的。在歐陽予倩主持伶工學社和更俗劇場期間，張謇仍然與梅蘭芳頻頻通信，向他通報情況，與他討論問題，還一再邀請他赴南通演出。一九二〇年二月六日，他更致函梅蘭芳，表示打算聘任梅蘭芳為『伶工學社名譽主任』。由此可見，他縱然已經與歐陽予倩攜手合作，但從他內心裡說，梅蘭芳仍然最佳人選。反而言之，這其實也透露出他對於歐陽予倩的某種不滿意。」於是後來有人在張謇面前屢進讒言，挑撥他與歐陽予倩之間的關係；有人妖言惑眾，煽動不明真相的著名演員蓋叫天尋畔鬧事；還有人暗箭傷人，背地裡寫信攻擊歐陽予倩是「亂黨」，如此等等。這就使歐陽予倩忍無可忍而萌激流勇退之意了。

雖是如此，歐陽予倩主持南通伶工學校校務後，培養出一批比較優秀的人材。如李錦章（即梅蘭芳五大弟子李斐叔，後為梅蘭芳的秘書。）、戴衍萬（南通人，歐陽予倩劇作《人面桃花》的最早演出者，後來改行，做了電影演員。）、葛准（先學武生，後改小生，臨張季直書極神似，演《人面桃花》劇中小生，以能當場揮毫而聞名，離校後改名「次江」。滬戰期間，曾在歐陽予倩領導的「中華劇團」演唱改良平劇。）、林守治（南通人，原學青衣，後從梢桐珊學花旦，離校後改名秋雯，旋去北京拜王瑤卿為師，曾與荀慧生、馬連良合作，名噪一時。）、趙培壽（即解放前長期在上海黃金大戲院搭班的趙志秋，原學老生，後師趙桐珊改唱小生。）、汪家德（南通伶工學校出身的唯一丑角，始終留在南通，是更俗劇場——今人民劇場的基本人員。）。歐陽予倩還是功不可沒的。

儘管如此，在梅歐閣建成四十年之後，也就是一九五九年的七、八月間，梅蘭芳和歐陽予倩都曾題詞、題詩予以紀念。他們回憶著四十年前，同在南通同台演劇的情景，往事歷歷，如在目前，正如梅蘭芳的題詩中寫道：

南通佳氣多氤氳，人民政府舉政勤。故場重修梅歐閣，馳書千里來徵文。
文拙才微不得辭，新陳跡象縈我思。四十年前建閣初，客遊是邦周覽之。
憶昔我與歐陽子，後先見招皆蒞止。粉墨生涯二人同，笙簧格調諸公喜。
有鄉先生能賞音，折節交到忘年深。為題小閣揮巨筆，欲使輕材登藝林。
宛陵廬陵兩宋賢，託古姓氏以喻今。斯際我儕識宏獎，悚惶詎免望於心？
自從奔波淹歲月，消息不聞聽消沉。幸哉盛世老獲睹，天清地寧咸鼓舞。
昔也衣冠優孟輕，今也教育師資伍。滿眼萬端經緯新，工農生產躍進真。
六億黎元欣作主，五洲兄弟倍情親。誰云滄海一粟渺，鞠部有責為功臣。
鯫生齒衰敢懈怠？日沾雨露回青春。南通人民意何厚？搜羅寵眷及兩叟。
誠知愛閣由愛人，勖其效忠明時久。我為此事頻蕤結，光榮黨與往者別。
淺言還報出肺肝，感惠揚仁不須說。歐陽吾友仍康強，大家庭中俱就列。
貢獻常忘艱巨增，辛勞復可晨昏徹。凡百遵循黨領導，區區素志堅如鐵！

從題詞、題詩中，我們可以親切感受到梅、歐之間的深厚友誼以及兩位大師為中國戲曲事業奮鬥終身的執著信念。

而原於一九一九年建立的更俗劇場，後來更名為人民劇場。一九九六年，城市規劃建設而拆除。二〇〇二年九月重建落成，十月十五日新的更俗劇院，舉行了梅歐閣紀念館開館儀式暨「大師風采‧藝壇豐碑」展覽開幕式，紀念著三位藝壇前輩的深厚友誼。

目次

自我演戲以來

這篇文字是我前半生的自傳，也就是我的懺悔。空在戲劇界混了許多年，毫無貢獻，只剩下些斷紈零綺的記憶，何等慚愧！追思既往，悲從中來，極目修途，心熱如火！今後的記錄當不至這樣空虛罷！

我小時候因為家裏管得嚴，所以出外看戲的時候非常之少。祖母五十歲的那年，家裏演過一次堂會，那時我不過十歲，看著紅花臉殺出，黑花臉殺進，實在是絲毫莫名其妙。以後親戚家裏又演堂會，有一個從湖北回來的傭人領我去看。——他是個戲迷，一天到晚的唱著，又時常和我說些唱戲的話。——他指著臺上演梅龍鎮的花旦對我說：「叫他回來當老媽兒領你玩兒罷。」我聽了他的話，注視那花旦，覺得非常歡喜他。還記得那天晚上，又換了另一個班子，我就去看他們扮裝，有兩個人在那裏畫花臉，引起了我無限的興趣，——我看對面的一個，用粉塗在臉上，再拿著墨筆一線一線的勾勒，我覺得渾身緊攏來，立刻起了一種莫名其妙的衝動，又覺得好玩，又覺得難過。一會兒被一個小孩子拉我去玩鞭爆，我便似從惡夢中逃出一般。從此以後，我覺著唱戲實在好玩，不是口裏亂哼，就是舞刀弄仗的亂跳。有時就學著畫花臉，我母親本來會畫，我就拿她老人家的顏色，大塗而特塗，弄得滿桌滿鏡檯污七八糟，自不用說，床上的毯子扯來作道袍，窗簾拿下來當頭巾，鷄毛帚，帳竹竿無一不被應用。母親的臥房就是後臺，表演的地方卻沒有一定：有時在廳堂，有時在床上，有時便遊行各處。可是表演儘管十分盡力，觀客如厨子老媽之類都帶幾分厭惡。本來表演的工夫不甚純熟，秩序也不甚妥當，弄壞器皿，打翻桌椅，卻是常事，也怪不得他們喝倒采。他們有時急了，就叫我母親。母親從來難得為這些事打我，罵幾句也就完了。可是有一次：我和妹妹弟弟表妹一齊玩，給他們都畫了花臉，作大規模的遊行：誰知胭脂用多了再也洗不脫，他們玩得高興的時候，絲毫不覺得，後來被母親看見，罵著替他們洗，一個個花臉洗不乾淨，他們都哭起來，我便捱了一頓打。以後這類的事情不一而足，我年紀漸漸的長大，便學著玩些音樂。有個剃頭匠會拉胡琴，被我吵不過送了我一把二絃，學餘之暇，時常拿來消遣，有一天我向先生告假出恭，帶了胡琴為伴；演奏起來，竟把恭務忘了。先君偶從學堂經過，不聞書聲，四面一找，卻聽見咿咿啞啞的琴聲從廁中發出，這一次我可吃了虧，被罰三天不放學，胡琴便始終沒有學好。

有一次，母親回外婆家去了，我和妹妹都悶得很，就把堂房的姑姑請過來一同玩。我第一個發起要唱戲，編演當然都是我一手擔任。我穿上妹妹的衣服，帶上母親的勒子，頭上蓋起紅窗簾裝新娘，妹妹裝新娘的母親，姑姑裝新郎，我們從出嫁起一直演到拜天地吃酒席為止，時間費了一下午。我還記得別母上轎一節的唱辭：「……拜天拜地拜神靈，但願母親多長壽。母親福壽又康寧。……」原來我們那裏盛行一種影子戲，小孩子常常愛看，這些唱調都是從影子戲模倣來的。從出嫁起到拜天地止，我們都按著派定的角色扮演，一到請酒的時候，我們大家全變了客，將櫃子裏的乾點心，厨房裏剩下的冷菜冷飯，全給搬運到一張小桌子上。姑姑說飯不宜吃冷的，我說熱飯不像戲。又因為用真的竹筷子不覺得有趣，就從香爐裏拔了一把香棒兒當筷子。舞臺裝置呢，有的是敬神的蠟燭，弄來點幾對；尤其是找著了一個可以釘在牆上的燭插，最感興趣。

天黑了姑姑要回去了，我和妹妹手捧著蠟燭送姑姑，口裏吹著哨喇，在天井的四圍繞行一周，作為是走了幾十里，然後才到了隔壁，一齣大戲就此結束。我作小孩子的時候演的戲，以這齣為最得意，最有精彩，這比平日和許多小孩子演操兵，演拿賊好玩得多。自從這齣戲演過以後，我的興味忽然引到武術上去。盤槓子打鎗，就把演戲的玩意攪了。

我從十二歲到十四歲專門做應試的工夫，經義策論之類，勉強通順，就去趕考。另外請先生在家裏學些英文。科舉既廢，我便隨著先大父到了北京進學堂，不到一年，就轉學到長沙明德中學，讀了一學期，就跑到日本進了成城中學校。

我在北京的時候，看過譚鑫培的戲，不懂。可是已經能看文戲——楊小朵演翠屏山之類的戲，很歡喜看。但聽二黃不如愛聽梆子。那時候因為要念書，很少走到戲館裏去，看的戲自然很少。儘管住在北京將近一年，連哼哼都不會；可是偶然學兩句楊小朵的說白，頗為儕輩所驚嘆，我自己也覺得我的嗓音比戲臺上的花旦好得多。

那時候我和一個同鄉的少年C君同就曾宗鞏先生學英文，那個少年比我大，文詞富贍，詩和小說，他讀得頗為不少。我從他那裏才微微領略到所謂張生崔鶯鶯、寶玉林黛玉之流的性格。他常常對月吟詩，大約都是些含愁難訴的意思。我還記得有「惟有寒鴉稍識音！」之句，那時我不甚能懂。他往往說對著月亮想哭，聽見風聲或是歌唱的聲音，就不禁長嘆，他以為這樣才能領略詩味。他曾經在下課時候，拿紅墨水搽在嘴唇上，教我做眉眼；「做眉眼」三個字，我是頭一回聽見，我因為完全不懂，所以不理他，他看見我太麻木也覺得奇怪，但是我也多少受他一些暗示。有一晚，我叫人替我去買了一部《西廂》，翻開來不甚懂。我因為想揣摹C君的滋味，半明半昧的拿著部《西廂》在燈下展玩，忽然聽得隱隱有唱西梆子的聲音，我便起身出去站在廊下，——那晚正遇著祖父到朋友家裏去了，底下人都在房裏打瞌睡，我一個人靜聽那斷斷續續如泣如訴的歌聲，隨著那颯颯喇喇的秋風，一絲一片，不，千絲萬片的搖著隔院憔悴的楊柳飛到我的耳邊，長空如墨，從雲縫裏漏出的微光照見天在那裏移動，紙窗背的燈火，也閃閃不定的好像有鬼。我是個十四歲的小孩子，有吃有穿，有長輩痛惜，那裏來甚麼很深的感慨？可是我想起C君的話，覺得這個情景，應當要哭一哭才對；我便昂頭向著天，又低頭數著腳步，微微的長嘆一聲，演習一番詩人的格式，雖然哭不成，卻也算附庸風雅點綴得不俗了。可是那西梆子的聲音卻引起了我演戲的興趣。我想：要能夠像楊小朵那樣搽著脂粉穿起繡花衣服上臺唱幾句西梆子，夠多麼好玩兒呢？

然而那時候我專愛高談革命：本來譚嗣同、唐才常兩先生是先祖的門人，和我家關係最深，唐先生並是我的蒙師；我從小就知道有《鐵函心史》、《明夷待訪錄》、《大義覺迷錄》諸書。譚、唐相繼就義，那時我雖是小孩子，當然不能不留印象，到了北京，又遇著吳樾之死，因此頗激起一腔的熱氣，所以沒有成小戲迷。以後我回湖南進學校，又到日本三、四年間，很熱心地去走天橋跳木馬，和人比拳角力；又歡喜鬧酒，十七歲的時候酒量大進，能夠一次飲孛蘭地一大瓶，皮酒是半打起碼，到日本的時候，滿意想學陸軍，最羨慕的是日本兵褲子上那條紅線。在成城學校做制服的時候，我硬叫裁縫在我的褲上加一條白線，以為不像兵也要像警察，那裁縫始終不聽，當我小孩子向我笑笑罷了。日本兵穿的鞋子，滿底上都釘的是鐵釘，鞋面的皮，其粗無比，我每從鞋鋪走過，總想買一雙，好容易達了目的。我以為憑這一雙鞋，就比其餘的同學高明些。但儘管如此，終久因為眼睛近視，沒能夠進陸軍學校，就是短衣鑲邊和大褲腳的海軍學生制服——我最歡喜那個裝束——也沒法兒穿上我的身。於是有人勸我學軍醫，便也可充準軍人，但是也沒有能達目的。

光緒乙巳年冬，日本政府承清政府之意，對留學生發佈取締規則，全體大憤，我和大眾一同回國。誰知到瀏陽家裏，就叫我娶親，我絕對不肯，以後畢竟還扭不過，招贅到丈人家裏去。那時我有個決定的計劃，是結婚儘管結婚，結了婚三天後，我就一跑。我家裏為著這個事甚為著急，尤其是岳丈人十分擔心，只有丈母娘確有把握的以為不會；果然不出所料，我三個月還沒有走。

我的夫人是很聰明能幹的人，當我娶她的時候，她的詩文繪畫都比我高明，且極識大體而又好學。我和她性情說不出的相投，雖然是舊式婚姻，卻是愛情之濃厚，比偷情密約還有過之。我打主意和她一同出洋，費盡周折，家裏卻不肯，但是我始終不能不走，萬般無奈，我還是一個人走到日本去了。這是多麼難過的事啊！

走過上海的時候，被賊偷去了錢；到東京又感冒著發了好幾天寒熱；病好了出去走走，找著許多舊時的同學，倒也高興，可是我的興趣就在這個時候漸漸地變了。

春柳社的開場

有一天聽說青年會開甚麼賑災遊藝會，我和幾個同學去玩，末了一個節目是《茶花女》，共兩幕。那演亞猛的是學政治的唐肯君（常州人）；演亞猛父親的是美術學校西洋畫科的曾延年君（曾君字孝谷，號存吳，成都人，詩文字畫都有可觀。目下還在成都辦市政報）；飾配唐的姪孫，北平人，是個很漂亮而英文說得很流利的小夥子，至於那飾茶花女的，是早年在西湖師範學校教授美術和音樂的先生，以後在C寺出家的弘一大師。大師天津人，姓李名岸，又名哀，號叔同，小字息霜，他和曾君是好朋友，又是同學。關於他的事且按下不表，只就《茶花女》而言，他的扮相並不好，他的聲音也不甚美，表情動作也難免生硬些。他本來留著鬍子的，那天還有王正廷君因為他犧牲了鬍子，特意在臺上報告給大眾知道，我還記得他那天穿的是一件粉紅的西裝。

那一次評判最好的是曾孝谷。他住在北平多年，會唱些京二黃，舊戲當然看得多，日本的新派戲他算接近得最早。他和新派名優籐澤淺二郎是朋友，這回的《茶花女》，籐澤君還到場指導的。

這一回的表演可說是中國人演話劇最初的一次。我當時所受的刺激最深。我在北平時本曾讀過《茶花女》的譯本，這戲雖然只演亞猛的父去訪馬克和馬克臨終的兩幕，內容曲折，我非常的明白。當時我很驚奇，戲劇原來有這樣一個辦法！可是我心裏想倘若叫我去演那女角，必然不會輸給那位李先生。我又想他們都是大學和專門學校的學生，他們演戲受人家的歡迎，我又何嘗不能演？於是我很想接近那班演戲的人，我向人打聽，才知道他們有個社，名叫春柳。

看過戲不幾天，遇見了一個上海相識的朋友。此人姓吳，名枏，字伯喬，一字我尊，常州人氏，他的父親本在湖北作官，所以他也隨宦到那裏，曾經和管亦仲、程詩南、程君謀、瞿世英、唐長風諸氏，組織票房。他會唱老生，以後他到日本留學，在取締規則發佈以後，我和他在上海遇見。因為同席鬧酒，他聽見我猜拳的聲音，就極力慫恿我學青衣，又介紹我去聽過幾回戲，可是我沒有能夠深入。那時我和死友劉道一君同住，他是個戲迷，一天到晚哼定軍山氣壞黃漢聲的一段；我絲毫唱不出，不免很佩服他，而他的師傅又是吳伯喬，所以我格外佩服伯喬。那天我與伯喬在東京不期而遇，實在高興得很，連帶又遇著他的同鄉同學謝君康白。（又稱抗白，名祖元。）抗白是湖北自強學堂學生，他也是漢口票友。他聲音很響，會唱好幾齣戲。我見著他們深相結納，來往漸漸稠密。

三眼一板的二黃，是抗白頭一個教給我的。

我談起春柳社的人，可巧他們都認識，但始終沒有機會為我介紹。過了一餉，才知道我有一個四川同學和曾孝谷最接近，我便因他得識曾君，只見一次面，我就入了春柳社。當時孝谷問我會唱不會唱，我答說會唱，他便叫我試試，誰知我一開口，他便笑得合不攏嘴來！

春柳第二次又要公演了。第一次的試演頗引起許多人的興趣，社員也一天一天的多起來——日本學生，印度學生，有好幾個加入的。其餘還有些，現在都不記得了。中堅分子當然首推曾李，重要的演員有李文權、莊雲石、黃二難諸君。李文權字濤痕，宛平人，他那時正當商業學校的中文教員。黃二難在美術學校習洋畫。莊雲石是遊歷官，在法政速成班讀書。他嗜好音樂，吹彈打唱雖不徹底，可是樣樣都會，我的梅花三弄是他教的。他那時住在聽濤館；我和伯喬抗白常常去玩，他那裏每日高朋滿座，管絃雜沓，春柳第二次公演，就借他那裏排戲的。

這一次演的《黑奴籲天錄》，角色的分配，大體如左：

喬治　莊雲石
其妻　曾孝谷（他還飾過另一男角名字忘了）
海留——奴商——李濤痕
海雷　黃二難
愛米柳夫人　李息霜
小海雷　歐陽予倩

我除小海雷之外，還扮過一個舞隊裏的舞女。我們一共同舞的四個人一般兒高，不相上下的年紀，穿的是一色的淺緋衣，頭上披著頭髮，舞得也頗為整齊。現在這些舞伴，都不知道那裏去了！

這是新派戲第二次的表演，是我頭一次的登臺。歡喜，高興，自不用說，尤其是化好了裝穿好了衣服，上過一場下來，屋子裏開著飯來，我們幾個舞伴捱得緊緊的一同吃飯，大家相視而笑的那種情景，實在是畢生不能忘的！

《黑奴籲天錄》當然含著很深的民族的意義。戲本是曾孝谷編的，共分五幕呢，不記得還是七幕，——好像是七幕。其中舞會一幕，客人最多，日本那樣寬闊的舞臺都坐滿了：日本人也有，印度人也有，朝鮮人也有，各國的裝束都照原樣裝扮起來，真是熱鬧，不過於戲的本身是毫無關係，而且跳舞用的音樂，彈的是中國調子，在當時確是當一種特色。留學生忽然聽見中樂合奏，不管在戲裏調和不調和，總是很興奮的。

濤痕飾海留，描寫奸惡很對勁。他的舉動得滑稽；我還記得他穿對女人鞋。

曾孝谷的黑奴妻分別一場，評判最好。息霜除愛米柳夫人之外，另飾一個男角，都說不錯。可是他專喜歡演女角，他為愛米柳夫人作了百餘元的女西裝。那時我們的朋友裏頭惟有他最闊，他家裏頭是做鹽生意的，他名下有三十萬元以上的財產，以後天津鹽商大失敗的那一次，他哥哥完全破產，他的一份也完了。可是他的確是個愛好藝術的人，對於這些事，不甚在意，他破了產也從來沒有和朋友們談及過；這是後話，且按下緩表。

平心而論，《黑奴籲天錄》這齣戲，雖有少數演員由著自己出些格外的花樣，大體還算不錯；第一，臺詞是句句按照戲本的，至於編製形式，當然取材於當時的日本新派戲，多少帶著些志士劇的色彩。在明治維新的時候，許多志士借戲劇以為宣傳之資，所謂浪人芝居，（戲）即是此類。在那個時期，我們模倣這種戲劇，是當然的事；以後上海流行的文明新戲，確是發源於此。

任君天知本和黄李兩君認識，他也是春柳社的一個社員。當《黑奴籲天錄》演過之後，他便就建議要春柳全體回到上海演戲，息霜抗白都反對，各人有各人的理由。天知見主張不行，他便一個人回了上海，可巧遇著個王鐘聲便組織了個春陽社。他們第一個便演的是《黑奴籲天錄》，大得上海人的同情。他在上海也一步一步的大活躍。春陽社漸由鐘聲主政，他便組織開明社，招收學生，排演新戲，以社會教育相號召。汪優游、查天影二位都出他的門下。鐘聲和他都是新劇有名的人物，在當時他們也確有其精神。尤其鐘聲，往往自己連夜畫佈景，寫廣告，到天亮不睡，略打一個盹他又起來化妝上臺。我不知道他是何處人，他也是天一句地一句的隨便說，聽他的話，似乎是安徽人。他說他到過許多國，尤其是在德國多年，但是有人又說他沒去過。他在湖南當過教習，那時他叫王希甫，聽說有兩個女學生跟了他走了，因此被兩女的親屬告他拐帶，行文捉拿，他便到了廣西，在法政大學教書。我結婚那年到桂林，聽見過他一次很長的演說；以後聽說湖南的案子發了，又有人放他逃走，才到了上海，便一變而作了演新戲的花旦。到辛亥反正的時候，他到天津去運動獨立，事發就義。他和任天知、汪笑儂、夏月珊氏兄弟都合作過；他又自己組織劇團，旅行過南北各處。他是個很能幹的人，志行堅強，能任勞苦，若問他的來歷和性情怎麼樣，我和他沒有深交，不甚知道。至於天知，也可以說是個無籍者，他生長在北邊，卻又入過日本籍，名叫籐塘調梅。他說他是光緒皇帝的哥哥，卻也無從證實。他在上海，的確開了一派，到他全盛時期，春柳的面目已經絲毫不存了。

春柳自從演過《黑奴籲天錄》以後，許多社員有的畢業，有的歸國，有的恐妨學業不來了。只有孝谷、息霜、濤痕、我尊、抗白，我們這幾個人，始終還是幹著。在演《籲天錄》那年的冬天，又借常磐館演過一次甚麼戲名我忘記了，只記得息霜參考西洋古畫，製了一個連蜷而長的頭套，一套白緞子衣裙。他扮女兒，孝谷扮父親，還有個會拉梵玲的廣東同學扮情人。誰知臺下看不懂，——息霜本來瘦，就有人評量他的扮相，說了些應肥，應甚麼的話，他便很不高興。那回我演的是頭一齣孝谷編的獨幕戲，濤痕飾畫家，我扮他的妹妹，站在傍邊吹簫，如今還有相片，可是戲名記不起了。自後濤痕每一見面，必然很親密的叫聲妹妹，我因為這事曾和他鬧過，如今想起，倒覺得很有趣呢！

老實說：那時候對於藝術有見解的，只有息霜。他於中國詞章很有根柢，會畫，會彈鋼琴，字也寫得好。他非常用功，除了他約定的時間以外，決不會客，在外面和朋友交際的事，從來沒有。黑田清輝是他的先生，也很稱讚他的畫。他對於戲劇很熱心，但對於文學卻沒有甚麼研究。他往往在畫裏找材料，很注重動作的姿式。他有好些頭套和衣服，一個人在房裏打扮起來照鏡子，自己當模特兒供自己的研究，得了結果，就根據著這結果，設法到臺上去演。自從他演過「茶花女」以後，有許多人以為他是個很風流蘊藉有趣的人，誰知他的脾氣，卻是異常的孤僻。有一次他約我早晨八點鐘去看他——我住在牛迅區，他住在上野不忍池畔，相隔很遠，總不免趕電車有些個耽誤，及至我到了他那裏，名片遞進去，不多時，他開開樓窗，對我說：「我和你約的是八點鐘，可是你已經過了五分鐘，我現在沒有工夫了，我們改天再約罷。」一說完他便一點頭，關起窗門進去了。我知道他的脾氣，只好回頭就走。

他和曾孝谷來往很密，無論在詩畫上，在社交上，都是好友。又因為合奏的關係，和那拉梵玲的廣東人天天在一處；他有甚麼新曲，必定要那個廣東先生聽著替他批評，那少年要甚麼他就給他。他極力想訓練那少年成一個好小生和他配戲，可是在常磐館那回卻失敗了。他自從那回沒有得到好評，而社中又有些人與他意見不能一致，他演戲的興致便漸漸的淡下去；加之那廣東少年不知為甚麼又和他決裂了，他格外不高興，便專門彈琴畫畫，懶得登臺了！

息霜還有一個朋友，就是前面提過的黃君二難。他這個人非常有趣，可是在留學生裏頭卻不免有當他是怪人的。他平常愛著歐洲的古裝，頭髮留長，鬍子擰得望上，非常之整齊；上衣用薄天鵝絨製，白絨短褲、長筒白襪，有結子的漆皮鞋、大領結，其最惹人注意的就是他那定做的高硬領——其高異乎尋常，又故意把前頭兩隻角伸長，格外顯得高，配著頭上的軟絨大扁帽頗為有致；在路上走上電車，許多人爭著看他，紛紛議論：有的說他是瘋子，有的說他是西班牙的貴族，他卻若無其事，處之泰然。他力勸我學他，又教給我許多化妝品的用法。他說：「粉紙不可不帶，香水不可不搽，鬍子不可不留，衣裳不可不做。少年本應當漂亮，得漂亮時何妨漂亮？」他又力勸我買頂和他一樣的帽子，我沒買，他就送我一頂灰色的。我戴了兩回，以後人家都說是女人戴的。他說：「只要好看合頭，何妨戴戴？」他和息霜很密，息霜有時笑著罵他，說他不是二難，簡直是萬難。二難回國之後，聽說在河南作了官，還託一個唱花旦的——忘了是誰——帶過一個口信給我，以後便沒有消息了。

像息霜這種人，雖然性情孤僻些，他律己很嚴，責備人也嚴，我倒和他交得來。我們雖好久不見面，常常總不會忘記。他出家的時候，寫了一幅對聯送我，以後我便只在玉泉寺見過他一次。至於孝谷，說話很滑稽，信手拈來，都成妙諦。他是個矮個兒，常愛偏著頭楞著眼，對於時事時人，作一種很鋒利而又不甚負責任的批評，非常有趣，也有時候正顏厲色若不可犯。我見過他的畫不多，詩卻不少，琢句甚工，流麗清新，頗為儕輩中所傳頌。他世故似乎很深，待人也很謙抑和靄，而傲骨天生有孤芳自賞之概，聽說他很不得意，或者於他的脾氣也不無關係罷。

他在日本的時候，始終和我們演戲，回國後很想組織劇團，沒有成功；在上海新新舞臺（目下的天蟾）和任天知混過幾天，當然不會合適。——那時候所謂文明新戲，完全不用戲本，他如何跟得上？他一氣就回四川去了。回到四川以後，仍然不能忘情，辦了一個旬刊，並常常和我通信，可是沒有機會再幹舞臺生活了。

中西會

我們在常磐館演戲那天，我正在化妝的時候，忽然有一個很漂亮的少年，走到我的面前。我好像見過，回頭又聽得他和曾孝谷談話，我就知道他是謝抗白常常提及的陸扶軒。我見著他長身玉立，那溫和誠懇的態度，和那銳敏而又神祕的眼神，在人面前和人說話的時候，叫人不可思議的就會和他親近，我便不知不覺的趕過去與他周旋，隨便說了幾句話，他匆匆的出去看戲去了。

扶軒名輔，常州人，演戲的時候署名鏡若，那時他正在東京帝國大學文科讀書。我們裏頭只有他研究過些戲劇文字。他和籐澤淺二郎的關係不僅是朋友，而且是師生。他心所傾向就捨著身子去幹，拜一個新派俳優作先生，學演新戲，留學生裏只有他一個。他過過日本的舞臺生活，所以他的東京話，非常純粹。加之善於詞令，他往往在旅館裏打電話，有日本女學生當面去恭維他，「先生，你的語調實在美啊！」他雖然說得這樣好的日本話，可是國語說不好，一開口就是常州腔。吳我尊謝抗白雖同是常州人，他們都會說北邊話，所以能在春柳社演劇，他呢，屢次要求入社，都沒成事實。孝谷說：「扶軒不會說中國話，怎麼能演戲呢？」可是我自從常磐館見他之後，便一天一天和他接近。慢慢的他的普通話也一天一天長進了，這時候他才成了春柳社的社員。可是那時李息霜很不願輕易登臺，孝谷倒是興致很好。在戊申己酉之交，正放寒假的時候，我們仍請孝谷編劇，借錦輝館小規模的演了一回。因為不便用春柳的名義，就組織一個申酉會，演的什麼我已經忘了。我只記得我裝的是個小姐，和鏡若扮的一個角色講愛情。最後一齣是嗚不平，演得很好，鏡若的丫頭，其弟露沙的黑奴尤為出色。這回最糟的就是我。還有一個笑話，就是：因為有人說我扮西洋婦人，鼻子太低，我就聽扶軒的話用硬油裝個假鼻子，再戴上眼鏡，起初不甚覺得，及至上了臺一說話，眼鏡就陷到鼻樑裏面去了，登時鼻子變成兩截，到下幕時候假鼻子掉了，臺底下雖然沒看見掉下來，可是已經看見鼻子裂開；這當然是弄巧反拙，也怪我捏假鼻子的工夫太不好了。

這一回總算演得很不滿足，回此想大幹一次，我們的口號就是「過癮」。正趕過新年的時候，我們就開始工作起來。我們找了一部腳本，就是法國Victorien Sardou著的La To-sca。這個戲本來是浪漫派的作品，有點Melodrama的意味，卻是舞臺效果很好。有一天春雪嚴寒的晚上，我和抗白、鏡若三個人擠在一個小屋子裏，鏡若拿著劇本念，抗白自告奮勇在一邊寫，我就燒茶煮酒添炭，預備晏了好消夜，一面計畫賣票籌錢的方法——第一步就是藉著官費生的錢摺去押給放重利的廣東藥鋪。鏡若譯到得意的地方，大家一句一句叫好，就手又研究起表情來，四幕戲一天一夜完全趕起，於是就派定角色：

畫家　　鏡若

女優杜司克　予倩
警察總監　我尊
革命少年　抗白
侯爵夫人　穀民
偵探長　劉××

那時候恰好孝谷有事要回國，沒有派他的角色；息霜是不肯隨便玩的；濤痕也沒有來。我們仍舊用的是申酉會的名義。

一切備辦齊全，租定了東京座，地方比春柳演《黑奴籲天錄》的本鄉座還要大些。租戲園的事當然又有籐澤先生幫忙。鏡若在日本戲班裏是混得熟透了的，佈景衣裝，辦得格外妥當。日本的衣裝，有一種人專作這個生意，不必自己去製行頭，甚麼戲用其麼行頭，只要開張賬單給管衣裳的，對他說清楚，他就會替你辦來，大的改小，小的放大，他都有法子。反正新新舊舊，拚拚湊湊，別管怎麼著，只要在戲裏通用，在電燈底下好看就得了。

我們戲裏用的衣服據說是十八世紀羅馬的裝束，這當然靠不住，我們也不去管它。可是那管衣服的，聽說我是主角，就特別預備得齊全一些，那侯爵夫人也很重要，誰知他就大意了，穿起來不合身，侯爵夫人大怒，說：「我們為的是要賣個好看，像這樣簡直是賣醜嗎！死鬼！……我不幹了」他說完脫了衣裳，兩手捧住頭套就要卸妝，我聽著十分著急，一想第一個被嫌疑的就是我，因此便趕上去，一面埋怨管衣裳的，一面說：「恐怕弄錯了罷？怪得我這件也不合身。」機靈的鏡若也就指著我的衣裳說：「本來你不是穿這件的。」我就說：「那麼就換一換罷。」說著我就將身上一件黃綢緣白邊的脫了下來，給侯爵夫人穿了，我自己又另穿了一件紅綢的。幸喜我那老朋友不再固執，剛剛換好，已經就開幕，頭一場就是他上的。他生平恐怕只演過這一次旦角，他回國以後專門在上海辦報，如今他正坐在《晶報》經理室；他自號大雄，誰知這大雄先生也曾大雌一次呢？

日本的佈景是用新聞報紙糊在木框上畫的，用過了可塗了，加畫過。頭一幕我們也用了高舞臺一個廟，好幾層階級上去，我最喜歡做那穿著長裙上階級的姿式，在這個戲裏卻是沒輪著，一直在到上海九畝地新舞臺演《拿破崙趣史》的時候，才達到了目的，但那齣戲的滋味不甚好罷了。這回的佈景，不見得很如意，可是在外國作這樣一兩天的公演，居然新畫了兩張景，應有盡有的預備齊全，那司幕的也仍然照平常待日本演員一樣，拿著敲的梆子——日本開幕不用鈴用木梆子——一次一次來問候，這真是很難得的。

這個戲本來伊井蓉峰與河合武雄演過，名叫《熱血》（田口菊町譯），我們就從抗白之意，改成《熱淚》。他們是五幕，我們演成四幕，法文本卻是三幕。如今想起來，只演三幕好，劇中大致的情節，也不妨略為一提：

流落羅馬之法國名畫家，與女優杜司克發生戀愛，為警察總監所妒。適畫家救一國事犯，總監遂入畫家於罪，科以死刑。杜司克知不可救，乘間刺殺總監而遁，至刑場，畫家已死，杜投崖以殉焉。

這個戲演了之後，許多人都說我們為革命宣傳，其實那個時候，我們多少帶著些藝術至上主義的色彩，宣傳革命，很不如過癮的切實；可是我的老師黃克強先生和張溥泉先生，都很加贊許。那幾天加入同盟會的有四十餘人，有人就故甚其詞說完全是受了這齣戲的感動。或者有之？我卻不大相信。

這齣戲在一個時期總算成功，表演也還忠實，演完以後，許多人到後臺來恭維我們，還有許多人來請我們吃飯，——抗白每天來說：「又有人請吃飯，我們再去聽聽恭維罷。」

我自從春柳演戲以後，常常和吳我尊學唱青衣。這一次我們加所謂餘興的，演了一齣《桑園會》，我尊飾秋胡，我飾羅敷。我尊又與抗白合演《十八扯》，抗白飾哥哥，我尊飾妹妹，那才好玩呢！

我的那個《桑園會》實在沒有根。一個臉上長一塊大青印的同學沈大哥，端坐操琴，他的琴是有時有板，他的過門我聽不清，我的腔他跟不上，然而臺下的觀眾，仍然大拍其手；因為他們大半是熟人，他們在那裏並不是純粹賞鑒我們的藝術，也是和我一塊兒玩玩的意思。留學生沒有什麼娛樂，偶然聽見兩聲京二黃，不管好不好，他們總是高興；而且有許多人請吃飯，其意也還是想聽我們哼兩句的。

演《熱淚》是我第四次登臺。因為角色較重，在排練的時候，朋友們都替我擔心，怕弄糟了去，我可是多少有些把握，因為鏡若是個大戲迷，每天無論和他練多少遍他都不厭。第一，我的劇本念得真熟，其次化妝沒有問題，——我和鏡若差不多每天平均化三回妝，我們躲在一間小小的屋子裏，化著妝練習。在日本人家不好高聲說話，我們就去到郊外草地上練習笑和哭。鏡若的表情多少有些伊井蓉峰的派頭，我比較看河合武雄的戲看得多，受他的影響也不少。河合身體頗魁梧，然而動作表情，非常細膩。日人說，河合的舉動沒有絲毫不像女人的地方，而且端莊流麗有的女人都不能及。我最愛看他的戲。他扮的多半是流麗活潑的女子，有時候也扮老太婆，我歡喜演他所演的那路角色，所以特別注意他些。我的說白頗得濤痕之力，他是純粹北平人，字音很準，我常常向他請教，工夫當然沒有白用的。

日本演舊劇的俳優，多有剃眉毛的，尤其是旦角，因為日本元祿時代的女子時行剃眉毛，剃了眉毛在額上點兩個黑點，扮這種角色的當然非剃眉不可。日本從前的旦角照例不出門，出門的時候，都要坐有圍子的東洋車，所以剃了眉毛也不要緊。日本舊劇的旦角，在學徒的時候，一切起居飲食都叫他模倣女人，有的連用的東西，都讓他用慣女人的，受過這種訓練的孩子走出去，當然會惹人家的詫怪，所以不如少出去。還有就說要登臺的人，不宜多讓人看見，無論你在臺上魔力多麼大，若是你在下妝後和人接近，就往往會破壞人的好印象；這的確是經驗之談。不過在明治維新以後的俳優，便把這種習氣完全改變了。眉毛呢，就用一種硬油可以把它膠住，油上再刷化妝品，也還可以過得去。這方法我也用過，我在東京演《採桑》的時候，眉毛就畫得比平常高而細，但是鏡若始終還是主張剃眉毛。在演戲的頭一天，我看他總有那裏不同一點，仔細留神才知道他的眉毛只剃得剩了中間很細的一線，他非讓我剃不可，我不徹底的修了一修，剃卻到底沒那勇氣。

自從我們演過《熱淚》以後，又有尹昌衡君組織一個社好像是叫陽春社，要演《電術奇談》，也來找我們加入，我們以為那個戲沒有意義，不甚情願。他們要我去飾一個蕩婦，抗白第一個反對，以為這種角色萬萬演不得。當時鏡若就說：「演戲的角色和畫畫的顏色一樣，白的黑的紅的綠的都是一樣，何以見得不能扮蕩婦？」我呢，當然不在乎，壞人好人一樣演，但是這類角色大家都斷定我決演不好，我也不能自信，因此和他們演了一個小小的角色，就算敷衍過去。蕩婦一角由福建陳樸君擔任，演得很好，鏡若尤其稱讚他含笑望桌上斜斜的一靠那個姿態，從此便和陳樸作了朋友。

這回演施催眠術的博士是吳我尊扮的，他身軀高大，長臉高鼻子，一望儀表甚偉，從前他當票友的時候，演過花臉，所以凡屬惡人總是煩他做。他自己也演得頗為得意，回國以後，繼續擔任這類角色好幾年。後來迷唱著青衣，專門哼小嗓，學花旦臺步；再讓他演男角，便不成了。

這次演女主角的是馬君絳士。黑龍江人，他可會說四川話。他面貌並不好看，而身材瘦小，有楚楚動人之致。聲音微澀，平常說話就帶著一種嗚咽的聲調，演悲劇最會抽抽咽咽的說話，最後縱聲一哭，真有鶴唳九霄、猿啼巫峽之概。起初我們很反對他，說他不能演戲，這一次《電術奇談》也沒有顯出他怎樣好來，他的本事是我請他到湖南演戲才顯出來的。

絳士也入過春柳社。他頭一次登臺，春柳舊人半已星散，只剩我們這幾個人，那時候公使館已經有禁止學生演戲的佈告，說是凡屬演戲的學生要停止官費，於是我們團體裏的官費生害怕起來；我們也都想趕快在大學畢業，好早些回國幹我們的事，一時演戲的空氣便沈寂下來，那幾年中只有林天民和陳樸他們演過一次；鏡若和一位盛君用日本話演過一次《金色夜叉》，一次《不如歸》；那時先君在東京去世，我送靈柩回國，沒有加入。從此兩年之中，我頗用功讀書，簡直沒有顧到戲劇。及坪內逍遙博士組織文藝協會，鏡若去當學生，他的學問大進。他和絳士我尊結合，將春柳恢復起來，又演了兩次戲。我正當回了國，漫遊廣西的時候，不過書信往來，頻通消息罷了。

我們在東京演戲，本沒有甚麼預定的計劃，也沒有嚴密的組織，更無所謂戲劇運動，不過大家高興好玩。一般最高的見解也不過認戲劇為社會教育的工具，正和日本的浪人戲一般，想藉此以為宣傳。我因為和鏡若最接近，就頗有唯美主義的信仰，然而社會教育的招牌是始終不能不掛起的。

因春柳的發動，產生了上海文明新戲，文明新戲是模倣日本的志士浪人劇又摻入些舊戲的成分拚湊成的東西。民國元、二年起，盛了好幾年，我們回國表演的時候，文明新戲已經很鮮明地和春柳派對抗著。鏡若從文藝協會運回來的莎士比亞、脫爾斯泰、易卜生之流，絲毫沒拿得出來。他在戲劇界真可算是特出的人才。他死了已經十五年了，倘能多長十年命，天才的發展，真未可限量呢！

廣西的生活

我從日本回國，有許多人勸我到北京去考洋進士，我沒去。我的文憑也寄存在一個朋友那裏沒去管它。我送了先君的靈櫬回湖南，不久就到了廣西，跟著先祖父住在衙門裏，很久都沒談戲；偶然也在房裏偷著化過一、兩次妝，決不敢讓人看見，只得我夫人個人的欣賞；卻也很不寂寞。有時對著鏡子坐著，就想起許多情節。那時想的情節，大概是一個鄉下女子和一個都會的男子發生戀愛，後來受了那男子的騙，留既不可，想回鄉下又已不能，因此成功悲劇。或者是一個貴族的兒子，想和一個身分卑賤的女子結婚，為家庭及環境所阻，不能如願，結果那女子竟被逼而死。還有呢，就是一個志士被家庭壓迫，不能遂志而流於頹廢，一類的想像。這些情節以後都一一實現過了。

那時候王鐵珊先生有個老夫子姓薛名仲超，他的嗓音很好，那真是圓潤雄渾。他唱《賣馬》非常有致，歌詞也很別緻，只是從來沒板。我是天生沒有寬嗓子的，除了青衣之外一句都哼不出，所以聽見他唱非常羨慕。我聽舅舅劉伯遠先生說，大嗓子可以喊得出來，我就常到野外去亂叫，叫了一向叫不出來，也就只好算了。

那時候我頗能飲酒；有時候從早晨八點鐘喝起，喝到夜晚十二點不休。衙門裏的人很有些酒友，紹酒總是十斤一買；醉了就騎著馬在街上亂跑，可是從來沒有闖過禍。每天限定的功課，就是讀舊書作駢文；四不像的打油詩，一抓就是一首，可是隨作隨棄，從來沒有留過稿子。我起初歡喜讀陶詩，以後就歡喜讀謝靈運的詩。那時候《文選》很熟，只不歡喜〈三都〉〈兩京〉那些賦。建安七子和庾信、徐陵，常常在嘴邊帶著，《國朝駢體文鈔》，也嘗置諸座右。唐詩比較韓杜讀得多些，和李青蓮的關係卻很淺。宋詩和明七子的詩也涉獵過一下。我很想作個詩人，可是無論如何敵不過愛好戲劇之心，因此就放下了詩又去讀詞，常和我的妹妹、我的夫人韻秋比著記誦。可是那時候韻秋專愛讀《老子》和《莊子》，我就拿《淮南子》、《列子》、《管子》去和她抵抗。我祖父本是船山學者，他教我讀經又說掌故非知道不可，於是我便去追求王船山，看些《四書訓義》、《讀通鑑論》之類；掌故方面又胡亂翻一陣《東華錄》，《石渠餘紀》之類的書。我看書的天才很薄弱，用功又太雜，從來沒有過系統：一邊哼著「玉茗堂四夢」，一邊談的「戴段四王」；一邊讀《管子》、《商君書》，一邊又背誦《石頭記》；結果一無所得，一無所成。我從宣統末年到民國二年就是亂七八糟的東抓西抓的塞了些文字在肚裏，現在想起來，真是莫名其妙。好在我的目的在演戲，也只好說：「不相干，隨它去罷！」不是這樣說，實無以解嘲啊！

我在廣西最愛四處亂逛，「桂林山水甲天下，陽朔山水勝桂林」，我一到廣西就聽見這個話。桂林的名勝，我可說是遊得不少，不是名勝而較勝於名勝的地方也很多。我最愛在夜晚一個人踏著朦朦朧朧的月亮，到風洞山去坐一陣，從樹影參差的石級盤旋上山。到了洞口，一望漆黑，摸著進去，只聽得風聲怒吼，再進去，石漿滴瀝之聲，蝙蝠撲面飛來，想必我嚇了牠一大跳。我一伸手，好像有鬼擋著去路似的。我一想鬼倒還不要緊，萬一有個人先在裏面手裏拿著把刀對著我，那可了不得！一會兒我覺得即使有強盜或者乞丐之流，我就可以大和他談談，我把身上的東西全給了他，或者他就是江湖的異人，授我以妙術，一刹那間我便變成蓋世無儔的美男子，又有大嗓子可以唱老生，又能夠妝成絕世的美女，眼睛和金鋼石一樣光亮，看人一眼，就把人的魂攝住；無論中外男女老少，只要一聽我的歌一見我的舞，他就迷了；而且我還有猛虎一般的威，獅子一般的力，低眉一笑，春花亂開，正色無言，群魔懾伏；這樣我只要偶然登幾次臺，就可以治國平天下了！一面想著，腳下聽其自然的移動著，這個洞本不很深，不多幾步，就通過了後山，境界忽然開朗，一點一點疏星，還是在那邊山峰影裏流波送盼，月光卻早藏到雲裏去了，掙扎出來的餘光，把灰色的天，界成一條條的白線。靜悄悄地非但沒有江湖異人，連適才的蝙蝠也不知道飛到那裏去了。於是我幻想全消，而詩興大發，立刻湊成五律一首，還記得有兩句好像是：「山死無餘色，天驚見裂痕！」吟完詩，想唱兩句；不知如何被夜的嚴靜懾住，無論如何，不能成聲，只覺得呼吸的音響，已經就夠繁喧的了！

先祖時常更換任所，我真得其所哉！河裏有新鮮的魚，艙裏有各色的酒；白天幫船夫撐篙搖櫓，倦了時船頭上打個盹，妙哉！到了晚上——有一晚泊在一個灘下，兩邊都是高山，月被絳遮，許久上不來，我和韻秋划著一隻小船，想去尋月，越走越遠，月亮終久沒看見，而灘水急流阻了歸路船上人不放心，才把我們接了回來。一到船上，團圓的月亮，恰好在絳頭露出了一半，沒有法子，只有喝酒。現成的「明月幾時有？把酒問青天。」胡亂唱一通，可是絲毫不能表現我那時的情緒。

我還記得有一天走到一個灘下，碧綠的水，也不知道有多少深，左邊山上密密層層的樹林，間著許多雜色紅的黃的樹木，那種排列的方法，實在有說不出來的巧妙。石縫裏一叢一叢的蘭草，和風微動，清香四流。右邊石壁插天，上面輕雲來去；看水裏的影子，更覺得美麗無儔。石壁顏色雪白，上面罩著無數的藤蘿，有的赤如丹砂，有的花如瑪瑙。那時正是太陽將近落山的時候，西邊的天，蔚藍無際的中間，泛出一座一座灰色鑲銀邊的宮殿。紅的、黃的、橙色的、金的、粉紅的、白的、紫的，還有千千萬萬說不出名字來的顏色，錦幕一般豐富，真美麗啊！我伸長了兩條膀臂連甚麼都一齊緊抱在懷中，和天和我同睡倒在潭水深處。我想不會醒了，卻也不會睡著；只覺跳動的心，在那裏說：「你醉了！」

我在桂林也曾看過兩三次戲，覺得沒有多少意思，不願多去，騎馬遊山似乎更好玩些；其實，我應該研究一下，但是那個時候，卻全想不到，也正因我對於戲劇的見解不同，所以毫沒注意。近年來我研究到二黃戲的變遷，就想到廣西戲有一顧之必要。廣西戲和湖南戲一樣，不過用的是桂林話，腔也變了不少。桂林叫平板二黃為安慶調，因此可以知道安慶梆子單獨在兩湖盛行過，以後才成功二黃的。我在桂林的時候，那時的名角有麻拐仔會裝強盜，曾八唱小丑，鴨旦演風情戲。鴨旦本是賣鴨蛋出身，所以就取名叫鴨旦。桂林戲院的後臺很大，許多戲子，都住在後臺，一張一張的鋪開著。在那個時期，上海的伶人已經把身分提得高些了，可是內地看伶人還是和妓女一樣。我到過一次桂林的後臺，看見有好幾桌酒席擺著，聽說是紳士們在那裏請客。這是我在別處沒有見過的。在後臺請客大約是一樁時髦的事，花旦下臺之後，可以不卸妝，就去斟杯酒應酬一下。現在的風氣不知是怎麼樣了。聽說如今桂林已經沒有戲館，班子都是流動著各處去唱，或是在賭館當中搭個臺，替賭館作廣告，請客擺酒還是一樣，想不到二十年來，格外不成樣子了！

同志會

先祖去世，我從廣西回到湖南，正是老友焦達峰被殺的時候，長沙亂哄哄的。我們趕緊回瀏陽，過了年再到長沙得了鏡若的信，我就到了上海，鎮若正棄了都督府的祕書，組織一個同志會；絳士也辭了實業廳的科長，跟著鏡若；還有一個當小學教員的吳惠仁，幾個人租一所房子，大家都是窮得不像樣，我到了就大家住一起。我又因別的事到香港走一趟。回到上海，會員增加了些，我們就借三馬路大舞臺演了一次鏡若編的《家庭恩怨記》，我飾劇中小桃紅，評判頗佳，但是演得不好。

那時候我因我尊之介紹，與筱喜祿君友善，喜祿姓陳名祥雲，故名優夏月珊君的弟子，演青衣，曾享盛名，為人慷慨交遊，他和我尊是在漢口認識的，他和戲班裏的人卻感情不好的多。他扮相很好，可是一天一天長高長肥，因此包銀反長不上去，他便漸漸的有些厭倦。

他有時演《三娘教子》之類的戲，他說，三娘是個窮寡婦，不宜搽粉，而且崑腔的正旦，是照規矩不搽粉的，因此他就不搽粉。後臺經理和一班演劇的都笑他罵他，說他胡鬧，他卻自鳴得意的大耍名士派。有一個人便對他說：「你在十幾歲的時候又白又嫩，不搽粉人家都喜你，如今長得這樣又長又大，連我都看不上你了。」這不過是一句玩笑話，可是難說不傷他的心。

他因厭倦之故，演戲就不甚起勁，不過為吃飯而存心敷衍。班子裏也不當他一回事，貪圖他價錢便宜，嗓子好，戲又多，扮相到底還過得去，也就諸事將就他些。往往排他唱第二三齣，他高興就好好的唱唱，不高興就再沒有誰能比他完得快，——要唱三十分鐘的戲，他十五分鐘甚至十分鐘就完了；可雖是這樣，也還有一幫人特為去看他。

吳彩霞到上海，一時很紅，那時月薪也不過賺三百元。上海人歡喜聽二黃青衣實在是從彩霞起。論彩霞的扮相，實在遠不如喜祿，嗓音比喜祿寬亮些。喜祿的腔調多少帶點南邊味，字音咬得不甚清，可是身段婀娜，神態溫雅，為彩霞所不及。彩霞是北京新到，喜祿是長在南邊過時的角色，每逢同在一齣配搭的時候，兩個人都很賣力，喜祿得的彩也往往和彩霞一樣多。尤其有許多人因彩霞而知道小喜祿，說：「那個配的也真不錯。」我和喜祿認識的時候，他正在丹桂第一臺，我因為訪問他，常到後臺去。他常和我喝酒。一面喝著，一面叫他的夥計看臺上唱到第幾個戲了，報告給他知道。他聽見說他的戲快要上了，他就說：「你在這兒等我，我就來。」說著匆匆下樓，等不到一會兒，他果然就來了，他的戲就算完了，又接著喝下去。

我這次到上海的時候，他正在嘉興唱戲，我就坐火車到嘉興去找他。不久他從嘉興回來，我們在一處玩了幾天，我便到了香港，那時見有一個劇團正在演文明新戲，我認識有一個演員是我在東京的朋友，我就趕緊到後臺去看他，可惜如今我再也想不起他的名字，就連他們的社名也忘記了，宣統末年我在梧州見過鄭君可的一班，看廣東的新戲，這是第二次。

我在香港住了十天光景，事辦完了，我就又回到上海，跟著同志會許多人東混西混，先到蘇州演了幾天，後來又到常州。常州是鏡若的故鄉，他就來招待我們，擔負經濟的另有一個紳士。演過之後，又會見許多在東京的同學。我還記得常州的房子，是一座一座排開的。演完戲回旅館一路上月光照著白粉牆，有的新，有的舊，有的殘缺，有的整齊，都是靜悄悄，也不透絲毫燈光。只有屋旁的樹，路邊的草，迎風顫動著，好像有些沙沙之聲，和我們的腳步聲相應。

我們從常州又到了無錫，一班人個個都窮，鏡若也沒錢。那時的辦法，是到一個地方，就去找一個資本家，不，是說妥一個資本家，再到那個地方去，那時候費錢並不多，我們又都不拿甚麼薪水，所以資本家容易做。而且那個時候文明新戲很時髦，就有些所謂少爺之類來找我們，我們也就不管三七二十一，只要勉強夠開銷就幹起來。

到了無錫，住在船上，排戲就到一家公館的後廳去，他們的招待很簡慢，那個少爺出來看了我們一眼，莫名其妙的打個招呼，就進去了。第一我們穿的都是不好的衣裳，二來我們有一句話叫「莊嚴面孔」。我們常常保持我們的莊嚴面孔，少爺便覺得沒趣，不能周旋還有一層，我們歡喜亂說怪話，往往不為少爺所懂，他更覺得找我們是失敗了。

開場的頭一天，定的劇目好像是《猛回頭》。還沒有開幕，就遇著前臺打架。第一幕才止，有許多丘八先生一擁而入，就椅子茶壺打得精光，打完就走。臺下的看客本就不多，這一來前臺連茶房都跑了，登時變成七零八落，一個空場。當時有人建議，說那裏有個「老頭子」不能不接洽，那裏又有一個「馬頭官」不能不拜候。鏡若是個最下得身段的人，他笑嘻嘻的就和那人去拜訪所謂老頭子去。據說是一個三十多歲的胖子，他拍拍胸脯說：「好了，你們作罷，兄弟幫得到的總盡力。」但因為要修理椅子，當晚還是沒有開臺，我們就許多人擠在一間船艙裏，喝些酒，橫七豎八的一睡。我睡不著，只聽得鼾聲囈語，連續不斷。我覺得口渴，可是一點茶也沒有，只好就著河裏喝些冷水，不知不覺，就天亮了。

第二天卻驚動了許多紳士，又遇見許多熟人，有的是我們的同學，有的是在廣西的官吏，他們都出來捧場，於是我們就一連演了好幾天，完了又遇著律師唐演君，請我和鏡若遊惠山。我覺得好玩，又和我一個表叔騎著馬去遊過一次，在山上採了無數的野花，下山來就村店裏喝了幾斤酒，把許多鮮花插在帽子上，騎著馬趁著月光跑回來，到了那家公館門口，已經醉得站都站不穩了。

從無錫回到上海，就沒到別處去，我從同志會搬到一家四川人的號棧和記住了，從此天天和喜祿在一處，用四個月的力學會了一齣《金殿裝瘋》。借大舞臺演《家庭恩怨記》」，也正是這個時候。那時我因喜祿的介紹，認識了江君紫塵，和張君葵卿；又因紫塵認識了林紹琴先生。紫塵別署夢花，是南京一個知縣，在制臺衙門當巡捕，辛亥革命，他就到了上海，和他的同事張葵卿兩位合作，唱起戲來。他唱青衣，音最寬亮，花腔造得很多。他的唱，那時候在上海要算最新鮮。他的交遊又很廣，於是捧他的很多。在一個時期，他可謂執上海青衣界之牛耳。他常說：「北京的青衣，丁繼甫來過，彩霞來過，幼芬來過，陳德霖我們是知道的。還有誰呢？沒有誰了。只有小梅沒有來過，聽說除了扮相兒，也有限呢！」他這樣說，可見他的自負。可是他的確唱得不錯。他的腔大半自創新格，那怕同樣的腔，小地方至少總有一兩個音不同。他非常的自己愛惜，不是自己的胡琴，決不肯隨便就唱。起初本是葵卿替他拉，以後他不大登臺，葵卿就到會審公堂去當會審官去了，於是他總覺得唱得不痛快。

人家聽見江夢花的名字，以為他總是個花兒似的人。不錯，論他的交際那樣圓滑，真可以說是交際之花，可是他的人沒有甚麼女性，扮起來也不像個女人，尤其脾氣很剛，他能夠長篇大套的罵人不敢回嘴。他歡喜盤古董，玩字畫，常和許多大人先生來往，出入風雅之門；同時無論甚麼紅眉毛綠眼睛的流氓地棍，他都有法子和他們周旋。他辦事很周密，臨機立斷，既經拿定了主意，是決不退讓的。他在三馬路大新街辦過歌風臺，以後讓給經營三辦民鳴社。他和喜祿本來很親密，以後不知怎麼樣弄得感情很惡劣，彼此絕交，誰都沒有能調和得好。

我唱青衣當然受夢花的影響不少，他的腔我差不多都會，至於校正板眼，排練身段，就完全出於喜祿之手，夢花的身段也是從喜祿學的。

我和夢花相識未久，他就介紹我認識了林紹琴。林先生福州人，行七，人家都稱他林七爺。他的哥哥林三爺，（名詒書）中國學問很好，放過學差，作過宣統皇帝的師傅，會下圍棋，人也很有風趣。那時我恨沒有能見面的，就是林四爺（季鴻）聽說他唱青衣，很多創造，現在所流行的對面一頓，結尾一慢那些腔，都是他興的。他是個票友，而一時的青衣名角，都奉他為圭臬。他把《黛玉葬花》原詩編成反調，一句一個腔，沒有重複；妙音芳譽，周遍都城，可惜他辭世太早沒有給我們聽過。七爺呢，專學余紫雲。聽說有一回在飯館裏吃飯，他唱了幾句，恰好紫雲在隔壁聽見，就因此訂交。他的嗓音本來很好，到我和他相見的時候，他已經是鴉片烟抽得很厲害，而且有了肺病，唱幾句沒有誰不說好，只是四句以後，便力不能繼。可是他的唱在上海青衣中算最高標準，評劇家也取他為尺度去衡量伶工，也足見他的名貴。

我的唱工很得他的益處不少。他性情有些孤僻，吃了鴉片烟當然不見得能耐勤苦，所以萬不能求他從頭至尾教授一段。我們和他做朋友，時時去探望他，十分熟了，他便沒有拘束地隨便談些關於唱戲的話。有時候他高興起來哼幾句，來證明他的議論，我便照他所說的極力去揣摹，有時候我也唱幾句，他從來不加批評，後來真熟了，他才好像半不負責任的說那裏應當重點，那裏應當輕點，或那個腔不行的話。我注意聽他說，回來就把他所說的地方一連唱它個幾十遍，明天再去唱給他聽，他便大為驚奇，說：「你真可以！」於是他便漸漸的教給一些腔調，和盤托出的一無所隱了。他以後常對我說，「教人很不容易，若不是真懂得的，你說他不好，他還要生氣呢！」

民國二年從夏到冬，我住在上海，一部分的工夫，在同志會演新劇，其餘的時間，完全費在唱工上面，我在大舞臺演《家庭恩怨記》的時候，已經唱不少的段數了。而且我在《家庭恩怨記》敬酒一場裏，加唱了一段《御碑亭》，頗引起一時的注意；無聊極了，可是當時很得意。

《家庭恩怨記》以後，還演過一次《社會鐘》；那個說明書還是吳稚暉先生作的。我那時候以為說明書應當用美麗的文言，我看見吳先生頭一句寫的就是「阿爹老石，死在屋裏」，這種無錫白話文，我很不以為然。我對鏡若說：「我們所尊敬的吳先生，怎麼寫出這樣的文章來？」鏡若笑笑不說話。

我自從在《家庭恩怨記》裏演小桃紅，又在《社會鐘》裏演左巧官以後，他們認定我只能演壞女人，正當的愛情劇，從不讓我演。凡屬人家表同情的角色總是絳士，捱罵的角色總是我，無形之中成了定例。我當時只要有戲演，從不計較，可是我自以為甚麼角色我都能演，而且演一樣會像一樣，非但是女角，而且還能演男角，不過每逢表示想演一種另外的角色，他們總是付之一笑。

我在上海半年不回家，家裏常常有信催我；及至知道我在上海演戲，弄出了很大的風潮，可是始終瞞著祖母和母親。責備我的信當然很多，其中以先外祖劉艮生先生為最嚴厲。只有我內人她深知道我的性情，從來沒寫信勸過我，只是很委婉的叫我找個機會多讀些書，就是演戲也要和尋常的戲子學問人格有別才行。

到了年底，家裏實在催得緊，我無法再逗留，只好回家過年。臨上船的那晚，我在張家花園演了一齣《宇宙鋒》，這是我正式演二黃戲的頭一次。當時敦促最力的是紹琴，其餘還有貴俊卿、朱素雲兩位，也推波助瀾的把我捧了上臺去。卻因為這一次的成功，使我學青衣的癮大了好幾倍。那天晚上睡在船艙裏，午夜夢回，覺得醰然餘味，美不可言！

社會教育團

我回到鄉下，過年又到了長沙。我在家裏實在坐不住。恰好長沙有個組織，名叫社會教育團，他們想幹戲劇，就找我去問計，我就一力主張，馬上打電報，把同志會一幫人約到湖南。那時鏡若的夫人剛養兒子，他就連妻子一齊帶到長沙，同來的旦角有馬絳士、吳惠仁，生角有羅漫士、蔣鏡澄、管亦仲（別署小髭），以後又打電報到日本，把吳我尊也約回來了。佈景的是湯有光，和鏡若的妻舅籐田洗身，還有一個專幹舞臺生活的日本木匠，不敷的在長沙招了些，舞臺搭在左文襄祠。

這種戲在湖南是頭一次演，有情有節有佈景，比舊戲容易懂得多。一開的時候，真是人山人海，擠得兩條街走不通。一齣《家庭恩怨記》，真把人看瘋了。只管下大雨的時候，門前的轎子進來了的退不出去，外面的進不來；女客撐著傘在門外，沒開幕前兩三小時就等起的不知若干；那真可謂盛極一時。

那個時候《恩怨記》的小桃紅不是我演的，是吳惠仁。惠仁，湖州人，本是個小學教師，生的矮矮小小的身材，說起話來很像江浙女人的聲調，留得一頭好長頭髮。當時因為頭套很難得好的，買起來，價錢又貴，因此有些演旦角的把頭髮留長，到後臺臨時梳起來，就和真女人一樣。尤其惠仁特別精緻，他自己僱用一個梳頭媽，在上臺前一兩點鐘就梳起，梳好了頭，搽粉化妝又要半天。反鏡打了又打，衣服比了又比，穿戴好了便端端正正的坐著，不大和人說話，他一心研究他的臺詞和表情。

我有個內兄劉雨人，是個最豪爽的文學者，而且是個有名的收藏家，金石刻畫，件件擅長，在譚組庵先生那裏當祕書；還有個朋友宋癡萍——我們都叫他宋大哥，他那時在長沙《民國日報》作編輯；他們兩個天天和我們在一處。這兩位都是以酒為命的，加上管亦仲、鏡若，和我，五個人常常喝得不知所云。我們的床下都有幾箱啤酒，幾罈花雕，完了事沒別的消遣，就是喝酒。以後引得絳士也加入大喝，每逢一上酒樓，彼此不醉無歸。我覺得豪氣凌雲，可以吞海，喝瓶把酒，真不算回事。

兩瓶啤酒一氣飲完，一手抓一個瓶，向窗外使勁一碰，炸成粉碎。癡萍本來是同盟會員，我那時候正和唐桂良、周道腴、柳聘農諸君組織國民黨，當了一餉會計；所以我們極力反對共和黨、進步黨一類的政黨，而以癡萍為最激烈，他每打一對酒瓶，必定叫道：「炸彈炸彈，炸破共和黨的頭！」

酒席完了，窗外的碎玻璃堆一大堆。酒館裏的人來干預我們，結果大吵起來，幾乎用武，好容易勸住了，就走出門來。剛出門，沒有走多遠，就看見一個共和黨的中堅份子坐著轎子過來，癡萍上去，從旁邊一腳踢去，那個轎子上重下輕，那裏抬得住？就連人帶轎倒了下去。癡萍走上去亂打一陣，那個人孤立無援，抬轎的也不敢幫著打架，他看來勢不對，就一溜烟跑了。

像這種事，吳惠仁是決不參加的。他一天只是在房裏量衣服、弄首飾、背劇本，別的事一概不問，以後絳士也變得和他差不多一樣，只有我就始終是一樣的騎馬喝酒玩手鎗。

有一樁笑話：方才所說我們吵架的那個酒館，是從前衡州府唐步瀛家裏開的。有人證明唐鬍子在衡山殺過好些個革命黨，因此有人主張要懲罰他。但是這個意思，並不是黨裏開會討論議決執行的，不過幾個人坐下來隨便一說，就自己去幹。我當時被朋友推為執行者，他們叫我帶著手鎗去質問唐鬍子，讓他捐錢了事。我當然聽他們的話，就跑到唐家，見不著本人，我走進門去，遇見一個人似曾相識，他請我坐了，很客氣的和我論世交。他說：「唐先生到上海去了，如何如何……」我當時說不出所以然，就很不得要領的發揮幾句，出到門外，放了幾手鎗，莫名其妙的走了回來。他們說我不中用，可是以後聽說那邊居然捐了一筆錢，我卻不知道了。

像這樣的捐款，我知道的也不止一筆，作了甚麼用，我可不知道；錢在那裏，我也沒看見。不過使我最難過的，就是辛亥反正以後，許多窮朋友，都忽然討了姨太太，住了大房子，怎麼發展得那樣快呢？

因為這個，我就編了一個戲。恰巧湖南省議會正在選舉議員，許多人花錢運動，真是花團錦簇，熱鬧異常，城門口掛起八九丈長的白布，上寫著某黨招待處；街上車馬絡繹，家家棧房都是住得滿滿的。招待員四處拉客，請洗澡，請吃飯，請花酒，請打牌，那些被拉的便一扭一扭的不肯去，可始終還是去了。好忙的銀錢號！好多的轎子！我的戲就是用這些材料作背景，和暴富娶妾的志士織成一片，命名叫《運動力》。這齣戲分五幕，把當時一班活動的人物譏諷得一文不值，結果是鄉下人起來，把魚肉鄉民的紳士的房子燒了，重新舉出純潔的代表勵行村自治。

到底民國初年革命的空氣雖然漸次腐化了，多少還有點清氣。我演這個戲，也沒有人阻止。許多議員都在臺下拍手，回頭又到後臺來對我說：「該罵的，該罵的！」只是後邊一段有人說怕有社會主義的嫌疑，但是那個時候，我並不知道社會主義是甚麼。

我在這個戲裏，演的是一個少年學生。我還記得我把吳惠仁平空舉起來，他嚇得甚麼似的，呱呱的亂叫。裏頭又有吃花酒一場，那幾個裝議員的朋友，叫了一個有名的厨子到後臺，真的上四樣菜，他們真吃一頓。幾個女角就裝著妓女，故意用孛蘭地硬灌他們，一幕演完，幾個人都醉了！你說豈有此理不豈有此理？然而當時實在高興極了！

文社

我們在社會教育團演了沒有多久，就和前臺發生了意見。大家就主張獨立，我也贊成，於是另組一社，我取個名字叫「文社」。兩人草的緣起；經濟由都督府庶務黃君湘澄擔任；財政廳楊德鄰君，還有個很忠實的革命同志吳君守貞，都來贊助。還有幫忙的就是文君經緯。我們說幹就幹，馬上成功，就只差沒有相當地點，因此大家計議用府學宮，許多舊紳士聽見這個消息，群起反對。我們不動聲色，黃湘澄撥給我幾個兵，仗膽子的又有文經緯，他說：「他們有人阻撓，我們就殺人！」說著連夜打開府學宮的門，先把明倫堂的屋頂拆了，有人想反對，已經來不及了。我們如是又和工程處商量，借了些木料，連著七晚的夜工，把舞臺造好。真快啊！真痛快啊！我們就在社會教育團那班先生們滿街貼廣告發傳單，公然來反對我們的時候開臺了！

第一個戲演的是《熱淚》，第二個戲是《不如歸》，第三個戲是《猛回頭》，又翻了一翻《運動力》和《社會鐘》。《熱淚》和《不如歸》真演得不錯，《不如歸》尤其好。可是生意不如在社會教育團的時候了。這有好幾個原因：一因為社會教育團的那班人又在上海聘了開明社一班人來抵制，他們新到，我們搶不過他們；二來聽說譚組庵先生有更換的消息，人心不安；三來府學宮到底不容易為民眾所認識，而況且地方在北門，本來偏僻些。

黃湘澄始終是個健者。他把一切事情全交給我，絲毫不動的支持下去。有許多人去看過那邊的戲，看著一個和尚一個筋斗翻在女子的袴下，因此對於我們的同情格外堅強，維持文社的心也就更進一步。

正演著戲，恰好遇見祀孔，縣官來了沒有樂舞，就商量讓我們的軍樂隊吹一吹，軍樂祀孔，卻是頭一次，看著覺得滑稽得很。

我在《不如歸》裏頭，從浪子以至乳娘，甚麼都演過。在湖南卻是馬絳士飾演浪子，（改譯名康幗美）演得真好，人人說他一哭如鶴唳猿啼，不忍卒聽。鏡若飾武男，我尊飾片岡中將，張蘇新飾中將夫人，惠仁飾姨媽，還有蔣蒼松飾武男之母，評判很好。劇本本身卻另外是個問題。《熱淚》的佈景，比在日本的時候還要弄得好些。光線在那個時候，總算也還不錯。田漢君那時來看過戲，我今年在他的自述裏才知道的。可惜一張相片都沒有留過。

我那時演的戲不多，他們看見我演《不如歸》的乳娘，都說我演老太太好。可是不久我用尤三姐編了一齣《鴛鴦劍》，我自飾尤三姐，大受歡迎。這是我取材於《紅樓夢》的第一齣戲。

我們當時的戲，不管好與不好，絕對遵守劇本，劇本不完全的戲，從來沒演過。不過每天要換一個新戲，那裏有那許多劇本？於是我就主張演半個月停半個月。用半個月休息，以便從事研究。因此許多人看著我們非失敗不可。也有人說我們沒本事，比不上開明社那邊排戲來得快而且滑稽有趣，我們卻是取寧折不屈的態度，我始終堅持著沒變，可是生意卻一天不如一天。

《鴛鴦劍》排出，生意有起色，而組庵離任了，湯賊薌銘銜袁世凱的命到了湖南。我所見他頭一個德政，就是封文社，說我們是革命機關。

楊德鄰、吳守貞、文經緯一一鎗斃，黃湘澄被押，我們大家一鬨而散。我不得已回到鄉下，鏡若他們就與湘春園的漢調戲班合作，混了兩個月，回了上海。我真對不起朋友，我應當同和他們在湘春園演的，我應當同他們回上海；可是我萬不得已，先回了鄉下，過了年才又趕到上海和大家重整旗鼓幹起來。

春柳劇場

文社完了，鏡若他們用了兩個月的工夫，才弄了些錢回到上海。我一等過了年初五，就從瀏陽鄉下趕出來。過長沙的時候，到監裏去見了一見湘澄；那時候有些湖南紳士正在趾高氣揚的幫著湯薌銘殺人，我便急急忙忙到了上海。

鏡若得了張靜江、吳稚暉兩先生的助力，租定了南京路外灘口謀得利戲館，用春柳劇場的名義開演。但是團體還是用同志會的舊名。我到上海的時候，正在預備開幕，恰好頭一天就被我趕上了。

這回春柳社人才頗多：生角方面加入的有鄭鷓鴣（鷓鴣以後加入）、馮叔鸞、董天涯諸君；旦角方面有胡恨生、胡依仁、沈映霞、許頻頻等五六人；編劇和寫文章方面有宋癡萍和張冥飛。癡萍以民黨關係決不能在湯薌銘的治下去辦報，就只有逃在上海和我們混。冥飛也是一樣，但是他們對於戲劇也實在是有興趣。

冥飛名焘，字季鴻，長沙人，比我大五歲。他本是個不羈的青年，國學很好，天分也很高，下筆尤其敏捷。他在長沙常和癡萍在一處；有時同去吃花酒，報館裏催癡萍的稿子，癡萍酒帶微醺，隨手扯過一張局票，一面問來人還差多少字，一面提起筆來就寫，連說帶笑頃刻間寫好交來人帶去，接著又舉杯痛飲，旁若無人。冥飛喞杯微笑，也不作聲。恰好有人談起要送人一篇壽序，座中一客舉薦冥飛，冥飛略不推辭，接過緣起看了一遍，照樣學癡萍扯張局票，信手亂畫；不一刻畫完好些張局票，數一數字，大致不差，便一聲不響擲給那個人。大家驚奇，擠著一看，居然工整恰切，那個人便馬上送潤筆，不知是一百還是兩百。冥飛接過錢來，就在那晚花個精光，還是一件破長衫，兩袖清風的走回家去。

他的行動，大略類此，遇事都很高興，又極健談，談合式了可以通宵不睡。尤其愛喝酒，連盡數十杯不算一回事。大約是酒喝多了，得著腳痛的病，以至於變成微跛；但是從沒有誰叫他跛子，卻有無數的人叫他瘋子。——他真跛，人不以為跛；不瘋，大家以為瘋。天才與狂者相差不過一間；但是冥飛之以瘋得名，不在他的內容而在他的外表，他的動作表情，頗值得人叫他瘋子。人說他是瘋，他只能以瘋自安，然而他的趣味也正在人家認為瘋的一點；所以他儘管脫略一切決沒有人怪他。「瘋」，就是他在朋友間註過冊的商標，不認清他那商標上的圖案，便不認識冥飛。

我第一次認識冥飛是在桂大哥家裏。桂大哥就是唐桂良；冥飛是他介紹的。還記得那時候長沙城裏興坐響轎「三人楞」，——三個人抬的轎，用軟轎槓，中間那個轎夫別地方多半是用一條麻辮，抬著走的時候，腳步要平而細，轎子好比「走馬」一般，絲毫不動；長沙不同，中間用的是橫扁擔；用繩繫著兩頭，轎夫的腳步要一步一顛，顛得高，浪起得越大越好。在轎槓和轎子上的鐵環相摩擦的地方，澆上一點石油，便因發澀而戛戛作響；顛得高，浪起得大，便響得格外厲害，坐轎的風頭也便十分滿足。尤其是轎夫，似乎比坐轎的更要不可一世，那時候坐轎子的威風，全在轎夫身上的。

不過坐那種轎子也要受些訓練：如果你是內行，你便能隨著轎子的波浪一上一下的很舒服，好似騰雲駕霧一般；如果你不會坐，不是腳離轎板，便是頭碰轎頂。遇見這種場合，那轎夫先生必定要說：「請你老人家莫動。你老人家一動，我們就動不得了！」

還有一層，上轎要快，因為他們起肩實在快。你半鞠躬式的進轎，他們已經就上了肩；剛剛轎子上肩，你的屁股恰好碰著坐墊，那就最好。其次便是下轎的時候，轎子必然向後一拋，前頭的轎夫盡力往後一送，平空退回五六尺，鄉下人往往嚇一大跳，就是城裏人也要留這一下的神。

我何以要寫這一篇坐轎的講義？因為我頭一次見冥飛正當他坐著響轎下轎的時候，那時我忽然見一乘特別響的轎子進門，以為不知道是那位偉人的光臨，回頭一看，是一個穿大禮服戴高帽子瘦瘦矮矮的小夥子。他一下轎我就看見他的帽子扁了。他一手撐著一支司狄克，笑嘻嘻的走出轎來，下轎一面除了帽子，一抬頭見著桂良仰天大笑。桂良問：「你怎麼會把帽子壓扁了？」他說：「它要扁我有甚麼法子？你來，我有一篇好文章。」說著昂著頭，聳著肩，手往後一攤，轎向前一曲，腳下一顛一顛的就走向裏面去了。自從這回見過面，一進到上海春柳才算真認識作了朋友。

我到上海的時候正好患了耳下腺炎的症，兩腮腫得很高，我的衣服又極不入時，所以那新來的社員都當我決不是能演戲的。鏡若和我尊絕對非等我好了不開幕，許多人覺得奇怪。

那時候旦角裏面如胡恨生、胡依仁、沈映霞都很漂亮，他們都認我作先生，不過始終不變的只有胡恨生。依仁以後幹絲生意去了；映霞演了幾年戲很有風頭，以後結識一個女子，聽說她讓他不必再登臺，他便收手了。

依仁風姿很好，可惜不能飾上流女子，他那種搔首弄姿之態和那一口純粹的蘇白，扮一個妓女或是大姐，真無人能出其右。他自己會拉胡琴，唱蘇州小曲，因此引得許多人為他顛倒。有的請他吃飯，有的送給他衣服、首飾、化妝品之類，有的就在報上作詩替他鼓吹。起初還不覺得怎麼樣，以後便一步一步的顯得肉麻起來；居然有一個姓陳的官僚帶著幾分酒在臺下怪聲叫好。

這種事在同志會當然是犯忌的，我們覺得非整頓不可。第一個怒惱了管小髭，他決意要打那姓陳的。姓陳的和我們都認識，而且是小髭的朋友，小髭以為他既能糟蹋我們的會員，便是侮辱我們的團體，於是頓時和姓陳的絕交。我們大家一致贊成小髭的提議，準備和那姓陳的人鬧。

姓陳的居然恐慌起來，在一個四川館子裏請客陪禮，又託我周旋，事算完了，他再也不敢來看戲。依仁呢，在一時也敷衍下去。他本來是個在絲店學徒出身的人，閱世很淺，我頗原諒他；不久他就離開同志會回到鄉下去了，還記得有家人家接我們去演過戲，許多姑娘太太們再三煩依仁唱小曲。卻不過，他便唱了幾支，滿座動容。如果他能夠自愛，多用功，他可以成個人才，可惜回到鄉下，不知怎麼弄得面黃肌瘦，連小曲都不會唱了，就完了！

恨生在同志會的時候，已經會演一、二齣舊戲，會登蹺，那時他也頗自負。他很誠實，從來不會和人打架，也不發絲毫脾氣。可惜笨一點，也不大肯用功，所以一直到現在沒有甚麼成就，這也是他自己辜負了一個好胚子。我敢斷定他若是努力向上一點，他早已成大名了。

角色中演戲真有實力的要算緌士。他那演悲劇的天才，前面已經介紹過了，他在上海頗得許多人同情，尤其以《不如歸》為膾炙人口，《社會鐘》、《猛回頭》、《家庭恩怨記》、《寄生花》等等都各有各的好處。他的為人情感最豐富，有一次他演一個愛情戲，演到傷心暈倒的一段，居然一口氣不來，死在臺上。這種情形，在外國有些女優會這樣，但是真講做戲這是不相宜的。做戲最初要能忘我，拿劇中人的人格換去自己的人格謂之「容受」，僅有容受卻又不行，在臺上要處處覺得自己是劇中人，同時應當把自己的身體當一個傀儡，完全用自己的意識去運用去指揮這傀儡。只能容受不能運用便不能得深切的表演。戲本來是假的，做戲是要把假戲做成像真；如果在臺上弄假成真，弄得真哭真笑便不成其為戲。所以有個法國名優演酒醉最得神，他偶然真帶醉意登臺，便減色了。緌士也不是不能運用，他往往把他的身世之感，家庭社會不如意的事一來就扯到戲臺上去借題發揮，這是我當時就最不以為然的。

鏡若在日本很久，他演戲變化很多，可是有人說他日本氣息太重，這或者不免，可是他那真摯動人的地方殊不可及。我自投身劇界以來，再沒有遇見過誰演小生有他那樣雍容華貴，而肝膽照人的。論起他到底是素養不同。他在臺上可以說一點俗氣沒有，一點過份的地方沒有，這是多麼難得啊！

我在春柳劇場，亂七八糟甚麼都演：有時演風流活潑的女子，就一直擔任這類角色；有時飾潑婦，有時飾最壞最下流的女子，有時也演悲劇。無論是悲劇是喜劇，溫婉悽凉一點的角色總是綘士，活潑激昂一些的角色總是我。我也替惠仁演過《家庭恩怨記》中的小桃紅，鏡若的父親緯士先生看了之後，說不如惠仁，惠仁表得出卑賤，予倩始終不失高貴氣，所以不如惠仁。從此以後鏡若便不拿這一類的戲派我演。但是我總不服氣，一定要演一個惠仁所不能演的賤人，便把許多下流女子的舉動，一一記在心裏，以後再演《恩怨記》都把它用上，再加上些花樣。於是有一個報上罵我：「予倩為學界中人，何以自貶而演此類角色？其飾小桃紅也，烟視媚行居然一妓……」他這種批評當然出了戲劇範圍以外，可是我以為我揣摹的苦心收了效果，非常得意。

人家說我的哭不如綘士，我便一方面揣摹綘士的哭，又自己努力去研究新哭法。可是綘士的嗓音天生悲苦，不假雕琢便自動人；加之他的身材面貌本來瘦弱，眉黛微顰，就如千愁萬恨兜上心來。我呢，嗓音脆亮而甜，無論如何出不了綘士那種沙音，面目的表情還在其次。我為了練哭，當沒人的時候，躲在張家花園的草地上用種種方法去哭，每回總是弄到氣竭聲嘶，胸口痛半天不能好；因為哭的時候，非用很大的力不可，不用力便哭不出來。最難的是一縷很細如游絲般的搖曳而出，纏繞在說白的當中，似續而斷、似斷而續的哭。這種比抽抽噎噎的啜泣為難。

我練過許久之後，便自己編一個悲劇，要鏡若派我演，結果還不錯。小髭當時說：「綘士之哭如猿啼，予倩之哭如鶴唳。」我的哭究竟不如綘士。

我練笑也是在張家花園草地上。我的笑自問有些研究。笑也可以使胸口發痛。無論輕笑重哭，總要像搖銀鈴兒似的，一聲一聲要像一顆一顆的珠子滾出來才好。訣竅就在善用丹田氣，氣不能貫便笑不成聲，氣用得不勻，便笑得不能圓。

總之，無論為哭、為泣、為笑、為哂，與乎一切動作表情，決非不用苦功所能做到，我天才有限，在舞臺上一部分的成功，完全是由於笨幹來的。

我偶然在一個戲《芳草怨》裏面飾過一次老太婆。《芳草怨》裏的老太婆是個有身分的。我本不想作，無奈輪到我頭上，再也推不掉；我便拿著劇本自己揣摹，一來我就想起三個模範老太太：一個是我的祖母，一個是外祖母，一個是舅婆，當時我把這三位老太太的聲音笑貌默想出來，三者合為一，便變了《芳草怨》裏的那個老太太。先祖母和氣迎祥而威嚴內蘊；先外祖母坐著挺直著腰板凜然不可犯，而即之也溫；舅婆便慈祥溫淑端莊而謙抑下人。我對於這幾層或用動作或用語調都應用上了，結果大家都很滿意。

說起演老太婆，我又想起兩段，「苦心談」來了：一個是汪優游，他能夠用嘴唇包住牙說話——請試一試看，說一兩句很容易，多說幾句便很難——他無時無刻不對著鏡練習，費了不少的時候，方始能運用自如。還有一個就是日本的秋田桂太郎，他因為要演老太婆，嫌自己的牙太好，便把上下門牙拔了，另鑲假牙；這樣比起來那剃眉毛的旦角，實在不算一回事。一藝之成，不用苦心是決難成功的。

自從我演了這一次老旦之後，絳士主張我專演老旦，於是接連演了多次；《不如歸》裏面的乳娘之類的角色，我都演過了，但是看客不願意我專演老旦。那時候孫菊仙常到我們那裏來玩，他極力反對我演老旦。他惟一的理由是怕我演老旦弄壞了嗓子，將來不能唱青衣；其次就以為我演花旦比老旦好，且能得看客的歡迎，不如便專演花旦；我是甚麼都隨便，樣樣我都想演。我認為那不過實地練習時期，多換幾種角色演是對的。

我們在春柳劇場演戲，大家都沒有定薪水的，有時候賣得進錢來，大家分幾個零用，有時候，生意不好便一個錢都沒有。一切都歸鏡若管理，他並不是首領，也沒有特別的名義，事實上只有他擔得起，便事事讓他去幹，對內對外全是他一個人。大家除了睡覺吃飯之外，不是學戲，便是演戲，既沒有意見，也沒有閒話，一年之中平平穩穩過去，而鏡若身上卻負上債了。

大家會員之中，沒有一個不窮，衣服大半是破的，娛樂是絲毫沒有。房子租在元昌里，兩樓兩底，全體會員幾十個人一同住著，鋪板靠鋪板，擠得縫都沒有，沒有被褥的就兩個人睡一鋪。我那時因為保護喉嚨早已戒了酒，十年之中，不過飲兩三次，平常是沾滴不入口。烟是本來就不抽；有幾個會員如癡萍冥飛他們非抽烟不可，有烟的時候大家對著拼命抽，沒錢買烟，便將一支烟剪成兩段，一個人抽一半的事我也見過。

飯食每人四塊錢一月包的，那個年月，比現在便宜一倍，可是菜真難吃。我是在日本中學校吃慣壞菜的，可是日本學校的菜雖然不好，總還乾淨，那種四元包飯又髒又是冷的，實在難於下咽。我有時也請請客，請的是幾個銅板的黑蘿蔔，覺得美妙無比，同桌的人大家還很客氣，不肯多伸筷子。

癡萍和冥飛也幫著演戲，夜晚才有工夫編戲，作說明書，他們往往弄得將近天亮才睡。晚上肚子餓，買幾個銅子花生米，一百幾十文酒，喝著，談著，寫著，上下古今，只有他們兩個人的世界。直到如今他們除非不見面，見面必然還要提起當時，自鳴得意。

春柳的前臺開銷完全由靜江借墊，周伯年周佩箴兩昆玉代表靜江，和我們很相好。賣出來的錢，先顧住戲院的房租和電燈捐費等等，有多便分配給演員。他們並不想賺錢，無奈一直生意都不大好，入不敷出，張先生時常還要貼幾個。有一天晚上下雨，我演的是《茶花女》，臺底下攏總只有三位來賓，我們見演員比觀客多，便想要回戲——回戲就是停演退票。誰知那臺下三位偏不答應，他們說：「我們是誠心誠意從很遠來的，你們只要得知己，何必要人多才演呢？」我們聽了他們的話，頓時興奮起來，急忙化妝上臺，演得比平常還要好得多。那三位之中有一位是一個廣東宵夜館的小老闆，他看得得意，當晚便請我們到他們店裏去吃晚飯，以後又連去了幾次，居然成了朋友，我們便極力替他介紹生意，這裏便發生一段小小的公案。

有一晚，我們正在那裏消夜，聽見隔壁有女人說話；起初並沒注意，以後聽得一句一句都是在批評我們的戲。分明是兩個人，說話的卻只有一個。她帶說帶笑的談個不休，而陸鏡若、馬絳士、歐陽予倩等等的名字時時響到耳朵裏來，仔細一聽，原來在那裏恭維我們，而且很對我們的境遇表同情。

聽人家恭維戲演得好，誰不歡喜？何況正當不甚為社會上所認識的時候有人表同情，而表同情的又是一個女子，而她的蘇州話又是那樣漂亮！

當時傾耳細聽，各人都拿眼睛示意，不覺得手中的杯箸一齊停了下來。過一會，她們先吃完先走，走我們門口經過，在樓梯前面略站一站，照一照樓梯旁邊的鏡子。你說這個時候誰肯不去偷看一看？

她恭維鏡若很恰當，也很多，我們當時就推舉鏡若出去看一看是怎麼樣一個人。鏡若還沒有出去，我們已經從半截短門下面見著了她的腳，似乎是個很苗條的人。鏡若把門向外 推，就覺得釵光一閃，在鏡子裏已經只見著她一半背影，好像有兩線很強的光射了過來，一個長身玉立的美人攙著她的女傭緩緩下樓而去。第二晚就發現她在樓下第三排看戲，那晚我們的戲不知不覺的格外賣力。

戲完了，鏡若又發起宵夜，好在那家菜館可以欠賬，樂得去吃。誰知她已經先在那裏，因此我們知道她是有意，卻猜不出為誰。

如此這般過了幾天，見多如熟識，由相視而笑，便交談起來，這才知道她是西藏路一個名妓陳寓。由此她每晚必來看戲，來看戲必帶些糖果送鏡若。

有一天她備了很精美的酒肴請我們到她那裏去吃晚飯，大家無不欣然。實在我們那時候的生活太乾枯了，這也是當然的興奮，可是頭一個反對的就是我。那時候演新戲的弔膀子軋姘頭弄得名譽很糟，同志會的會員除了新加入的不甚知道而外，我們幾個人從上海而湖南，從湖南而上海，從來沒有到堂子裏去胡鬧過，所以我反對他們去和陳寓來往。那天晚上我和絳士都沒去，只有小髭、我尊、癡萍、冥飛和鏡若去了。但以後來往頗稀，小髭、我尊也怕鏡若上當，常是跟著他，其實鏡若他才真不會上當呢。

陳寓疏了以後，又有一個老太婆天天晚上來找鏡若，外面就有馬車等著他。有一晚我正和鏡若從劇場走出來，那個老太婆又從鐵扶梯後面鑽出來向鏡若勸駕；我一見大怒，長篇大套的說了那老太婆一頓，她絲毫不屈反過來倒罵我，急得我要去叫巡捕。這只怪我那時候太不明白上海的社會，不免大驚小怪，後來還是鏡若勸幾句，那老太婆才很失望的去了。去的時候她又笑嘻嘻的對著我說：「少爺傒勿懂格，傒要慢慢交學學得來。」這可真把我氣壞了。

第二晚劇場門口停著一輛汽車，上面坐著兩個女子，見我走出去他們就亂叫我的名字，我也不理她們，跳上電車就走了。只聽得她們縱聲大笑，嚷道「阿木林，阿木林！哈哈哈哈！」不知怎樣這件事傳出去了，人家便都叫起我「阿木林」來。我每天除了演戲之外又是練武功又是唱二黃，抽空還要看看書，早晨不能不早起，夜晚便不能不早睡，想不做阿木林，豈可得哉？或者這正是我之所以為阿木林也未可知罷！

有一天，劇場的茶房送一個小木箱進來說是一個老頭子送來的，另外還有一封信。一個粉色的信封，裏面一封很工整的信，署名「稻香」，文詞婉麗，一往情深：首先稱讚我的文才，其次稱讚我的戲；說是看了我的表演，知道我是有心人，即日南歸，沒有法子能夠相見，贈書一函聊表傾慕，末尾引白香山「同是天涯淪落人」之句，更進一步，以為只要相知，不必相見，而字裏行間，好像不勝悽楚，措詞都極其大方。我反覆展玩，不覺得心潮起伏，疑幻千端。看字跡看語氣都可以知道是一個女子寫的。她的境遇一定不好，她一定很不自由，或者是遇人不淑罷？

看她的信，知道她讀過不少的舊書。她絕對不讓我知道她是誰，更不願隨便和我相見；不願呢，還是不能？她看了我的戲，有感於中，便寫一封信，送一部書，表示她的意思。發乎情止乎禮義，在她以為再好沒有。真是只要相知，便不必相見，是嗎？

我那時雖然窮一點，決不是天涯淪落。我無論遭遇什麼不好，從不肯自命為淪落以顯其頹廢的美。就是走江湖跑碼頭演戲，也不覺得是流浪，就算安個名詞叫流浪也很平常，沒有甚麼特別了不得，何況還常有固定的住處呢？這層意思，恨不得和她去談談，可是我所擔負的悲哀或者比她更多更重，有甚於天涯淪落，我癡想一會，又看那木箱蓋上知道是一部舊小說，我趕出去想找那送信的老頭子問個明白，他已經早走了，只見馬路上烟塵滾滾車馬往來！

春柳的名譽總算是很好，只可惜生意老不甚佳，有人說，戲的陳意過高，其實也不盡然，不過悲劇多於喜劇，而臺詞之中俗語不夠，而文語太多；還有就是不用蘇州話，不能普遍。就表演而言，似乎太整齊，雖處處近人情，切事理，而看客所要求的是過分的滑稽與意外的驚奇；這些在春柳都沒有，同志會員也就不會。除這些原因之外，還有人以為最重要的，一點就是演員不會交際：因為人家到劇場裏來，不必一定看戲，而志在看人，當時有幾個有名的女子，我們沒有能夠羈縻，也是為人所認為失敗的。然而我們劇場雖陋，不專為商業也就不願用任何手段去遷就觀眾。我們始終認定戲劇是神聖的，尤其演員要有人格，利用幾個女子去吸引觀眾，便跟著胡鬧，那裏還能談戲劇？情願不賣錢也不會自趨於下流。

同志會員的人格，當時頗有定評，所以許多文學之士，都願意和我們往來。至於戲呢，繙譯劇與自己新編的都有。春柳的戲有劇本是人人知道的；有劇本臺詞不至散漫，動作也有規矩。當時各家的文明戲，全愛用滑稽的男僕，把臉上畫得怪形怪相，一條紅辮子撓得很高，無論主人在那裏談甚麼重嚴的話，他總要從中打諢，志在令觀眾發笑便不管合適不合適，把全劇的精神，全劇的空氣都讓這種無理取鬧的丑角任情破壞而不加愛惜；這種現象在春柳劇場裏，始終沒有過。

春柳在初開幕的時候，信用很好，得有一班專看春柳的觀眾。後來因為天天要更換新戲，便不能不有所通融；因此讀劇本排戲都來不及，只能將就不用劇本。誰知演來演去，戲越要得多，便感到供不應求，無論怎樣的天才都覺得疲於應付。生意又一天不好一天；秋盡冬來，寒風刺骨，許多會員都不免有客子無衣之感。恰好遇著巴黎的古董生意不好，靜江也沒有多少錢墊出來，逼得不能不想賣些錢維持現狀。當時《空谷蘭》之類最是賣錢，我們便演《迦茵小傳》、《紅礁畫槳》一類的東西，究竟所謂穿插太少，終嫌冷淡。《紅樓夢》的戲雖比較多些，又不能長演。至於《復活》、《娜拉》一類的作品格外不行。到了羅掘計窮，便只好步人家後塵，去請教通俗的彈詞小說，以為家喻戶曉的東西可以投人的嗜好，於是《天雨花》、《鳳雙飛》都如此這般弄上臺去。結果從前的觀眾裹足不前，而普通的觀眾沒有新的認識也不肯光顧。到後來恢復莊嚴面孔萬來不及，而胡鬧又不能徹底，內部遂不期而呈解，體的現象，閒話和吵嘴都在不免之列了。

我尊和民興社主人蘇石癡是朋友，石癡因為民興少一個莊嚴派老生便極力拉我尊，我尊因種種關係，居然受了石癡的聘。

石癡，廣東人，在法租界辦民興社，用男女合演並玩蛇變戲法號召看客。吳一笑就是那裏的臺柱（一笑以後在北邊當了妓女）。我尊加入他們那裏，胡鬧不過他們，便不免有些受氣。幸喜他和石癡是朋友，總算敷衍了一個月又回來了。

鏡若是個最溫和的人，從來不生氣，也不說重話，他全憑感情聯絡會員，所以無論如何，人家感他的誠懇，決不肯隨便離開他去。就有甚麼口角，他來一勸就完了。我尊到民興的時候，許多會員都很憤慨，他只是低頭不語，他悄悄的對我尊說：「我只怕你到那邊弄不好！」過幾天鏡若和我同到民興去看我尊的戲，戲完了，請我尊上小館子，一面喝著酒，一面對他說：「要是在民興演得不舒服，還是我們老朋友一處頑頑罷。我們近來雖然不免胡鬧，不過是偶然的，全體看起來還是不胡鬧的多。」鏡若的話是不錯的，春柳的戲到底還有幾齣是很規矩的，我尊雖自命為隨遇而安，到底在民興還是幹不下去。

春柳之所以失敗，完全在二元主義。一面談藝術，一面想賣錢，怎麼弄得好？鏡若也有不得已的苦衷，而我們那時候對於藝術的認識也太淺薄了。

民國三年冬，我得了家信，無論如何要我回家過舊曆年，恰好正秋在石路天仙茶園所經營的新民社與張石川的民鳴社合併，我們便從偏僻的外灘，移到天仙開演。開演的那晚，演的是我的《大鬧甯國府》，座客上下皆滿，有許多新劇社的演員都來看我，我在那天晚上就認識了查天影。《大鬧甯國府》連演了兩晚，演完我就回了湖南。天仙的經營者尤鴻卿，因見我能夠號召，便竭力留我，堅約次年之聘，及至我過了年到上海，同志會仍然回到了謀得利戲館，天仙不久也就改了市房。

我當時的脾氣，好勝當然不免，而會員中之某某數人總想對我加以壓抑，我不能忍，便和鏡若、綠士、漫士、我尊等幾個老朋友商量，想要把同志會改組；鏡若頗不謂然，於是我以為鏡若袒護他們，我心上那樣想，口裏卻沒有說出來，恰好尤鴻卿經營第一臺，便由祥雲（筱喜祿）介紹，又經林紹琴的敦勸，我便在第一臺試演了一齣《玉堂春》得了許多的讚美。那回朱素雲飾王金龍，貴俊卿飾問官，極一時之俊選，也是很可紀念的。春柳在上海不能支持就要到外碼頭去演戲，就這個機會，第一臺便來聘我。

有一天我在春柳後臺，忘了為甚麼事和一個人吵架——是一個和我有意見的二路角色借事生風——我罵他，他便抽出放在旁邊的指揮刀刺我。我本來稍微有點氣力，順手奪過他的刀，一下把他摔倒在地下。誰知另外出了個人幫他。他乘勢抱過五、六個菜碗，用全力向我打來，幸而沒中。我往外一退，抽根鐵棍，正想還手、他的刀早已又舉在手裏。好在鏡若從臺上匆忙趕來，勸住了他，又有許多人來攔住了我。綘士那晚飾的是我的妹子，他正在臺上叫姐姐，老不見有人出去，他便想個法子進來把我拉出去，我頭髮也亂了，花也掉了，衣服也縐了，滿頭大汗站在臺上，氣得話都說不出來，可是一轉瞬之間就平復下去，戲仍然還是作得很好。

完了戲，我和鏡若、綘士、我尊、小髭、癡萍等幾個人都到那個宵夜館去，鏡若請客，他是專為平我的氣。我主張要那幾個人出會，鏡若只是笑著勸，不從我的提議。他一面用在戲臺上的語調向我賠不是。第二天他並沒有具體的表示，只隨便說了幾句就是完了。我心裏以為鏡若對我只剩虛敷衍，我尊也說鏡若是優游寡斷，到了這個時候，我便一聲不響，受了第一臺的聘沒有跟同志會到別處去。我在第一臺演唱，許多朋友都連定兩個禮拜包廂，極捧場之能事。從此接連一個月生意很好，第一臺還是留我，又加多一百元薪水，要我繼續。

一來我會的舊戲還不很多，怕久了要出醜，二來初搭班子有許多不適意，到底捨不得春柳舊伴，所以堅決地辭了出來。不久同志會員從外埠回來，春柳劇場又借謀得利開演，我便編了一個三幕悲劇《神聖之愛》，和鏡若、我尊、絳士四人合演，那個劇本自問頗過得去，演得也不錯，尤其久不與鏡若、絳士配演，重復相聚，覺得非常愉快。只可惜同志會內部越來越腐敗；冥飛走了，小髭到湖北去，癡萍回了無錫，我尊仍然跟石癡在一處，除絳士、漫士、鷓鴣等數人而外，大部分都拿生活去包圍鏡若。鏡若實在苦極而不能擺脫，又不願改組，負累一身無從解決，我真難過極了。以後他們要到無錫去，我便沒有去。

那年夏天，貴俊卿在北京有信約我去，我沒有去。接著杭州西湖舞臺有人來聘，也是祥雲介紹的，我以為好逛西湖便答應了。及至到了那裏，恰好鏡若他們也在杭州；他們正演完戲要回上海，彼此相見就在西湖遊玩了好幾天。鏡若每天都在西冷印社，繙譯劇本，我和絳士就在旁邊下圍棋。那時他譯完的有脫爾斯泰的《復活》、易卜生的《Hedda Gabker》和兩個莫里哀的喜劇；這些稿子，都不知道那裏去了。

我玩了幾天，就輪到了要登臺的日子，頭一天不記得演的是甚麼戲；到第三天，周君劍雲要和我演《神聖之愛》，他說他最歡喜的那個劇本。我和他本是朋友，不期在西湖相遇，他要想演我的劇本，我答應，就和他演了。他的舞臺技術比鏡若自然不及，所以這齣戲不如在上海演得好。那晚鏡若來到後臺他沒別的話，只拉住我的手說：「神聖之愛，神聖之愛！」第二天一清早他就趁火車回上海去了。

他回去不到一個星期，我就得了信說他死了！

「神聖之愛，神聖之愛！」是他最後的一句話！

他死了，同志會完了。也可以說，同志會完了，他死了！

我生平的朋友只有他！我生平演戲的對手也只有他！

他沒有絲毫對不住我，我覺得倒有許多對不住他的地方。他死了，要想見他謝罪，來不及了！

我趕回上海，他已經被厝在一間會館裏，隔著棺材，任憑有無窮的熱淚，也沒有半點流得到他的身上！我燒了《神聖之愛》的劇本，可是他拉住我的手說「神聖之愛，神聖之愛！」的聲音，永劫之後還在我的耳邊錚錚的響著！

做職業俳優的時期

我在杭州西湖舞臺演戲，毛韻珂君正在城站舞臺演唱。有一天同桌喫飯就認識了他。他是上海新舞臺有名的花旦，（原來叫七盞燈）他與夏家分手以來，已經兼演老生。——本來在新舞臺的時候他在《新茶花》裏演過小生。梆子花旦的嗓子，和二黃花旦不同，所以改老生比較容易。我在同志會時，曾經到新舞臺去看過他的《新茶花》，我還記得起他把手插在褲子袋裏扯四門唱西皮的光景；可是人家所稱讚的是他扮西裝女子。他平日最肯用功，絲毫不苟，所以很能得到不少的同情，同行中人也都很稱讚他。

我又因毛韻珂認識了薛瑤卿先生，他是個唱崑腔旦角的，小名寶生，聽說年輕的時候甚為漂亮，後來改唱二黃青衣，會的戲卻不少，腔調全是南邊味。他五十多歲還在登臺，人人都知道他是個慈和的老人家，他扮一個慈和的老太太，可稱絕妙。我自從認識他，不久便作了好朋友，我的崑曲大半是他教的。

在西湖同班的有常春恆，他演過我所排的《臥薪嘗膽》，飾越王勾踐，頗有聲色。他那時候專演武生，此後他休息了幾年，再出演時便一躍而享盛名，這也是很難得的。我在西湖，起初因為有我尊、劍雲一班人，演過好些新戲，後來他們都走了，我便專演舊戲，《臥薪嘗膽》是臨走那幾天才排的。

我那時候比較新穎的就是紅樓戲，如《黛玉葬花》、《寶蟾送酒》之類，都頗受歡迎。《葬花》是張冥飛和楊塵因兩位老哥合編的，經我改過一次，演過之後，又改一次，便成了我前幾年所演的那個樣子。說起來可笑：有一天，我在四馬路走著忽然肚子痛，就想出恭，恰好遇見冥飛，他說只有塵因家裏最近，我就跟他同到塵因那裏，一面出恭，一面談話。——在上海無論誰家，除非大闊洋房，沒有廁所；大家都是用馬桶。放馬桶又沒有一定的地方，不是門後，便是床後我們當著熟人，往往隨便出恭，不甚客氣；尤其是江夢花，他常是把馬桶放在客堂正中，許多戲迷朋友坐在他的四圍，他議論風生的時候，便四圍轉過來轉過去的載笑載言。有時他坐得特別久，也許哼著腔就把時間忘了。閒話少說，我在塵因家裏去出恭，我們一面就談起要編新戲，當時就決定編《葬花》；便你一句我一句的胡謅起來，第二本劇本成功了。

《葬花》第一次是陳祥雲（筱喜祿）演寶玉，是在春柳當餘興演的，可以算是在上海第一次的古裝戲；當時沒有甚麼人注意，及至梅畹華第二次到上海，以新裝號召，然後相習成風，盛極一時，這可以說是舊戲界一個大波瀾，但是若論古裝，在誰都沒有試辦之先，凌憐影、李悲世、汪優游他們，早已在新戲裏興過了，而且很華麗整齊，不過前面梳高髻，後面拖好像辮子的長髮，裙上加橢圓形的短裙，那個裝束，的確是畹華所創的。

我演《寶蟾送酒》，不穿所謂古裝，我是穿褶子套長背心，束腰帶；頭上梳抓髻，花也戴得很素淨。這個戲也是偶然排起來的。馮叔鸞在春柳排全本《夏金桂》，我飾的是寶蟾，叔鸞自飾薛蝌，鏡若飾夏金桂，我覺得全劇沒有多少意思，就取送酒一段編成一齣短劇，裏面有一段二六是叔鸞編的，可是以後我也沒有用它。這齣劇我演過之後，許多人模倣，只要是唱花旦的幾乎沒有誰不會，可是沒有誰和我一樣；當然好壞放在一邊。有些女班子可演得太肉麻，有人說這是我的流毒。最可笑的有幾個女伶，她們反說是：「歐陽予倩的送酒學得不道地，完全不對的。」

《寶蟾送酒》這齣戲，當然沒有甚麼深的意義，也不過是一齣普通的笑劇罷了。我從前在《莫里哀全集》裏頭讀過一個劇本，日本譯名為《姦婦之夫》，我在頭一次演寶蟾的時候，就想到莫里哀這齣戲，我也不是存心模倣，也沒有絲毫用它的情節，可是我的戲完全是那個戲引出來的。我演過無數次，都是分抄的單片，或是口授給演小生暗記，從來沒有過整個的劇本。外邊所傳，全是由於有些教戲的先生在看戲的時候記下來的，就是大東出版的《戲劇彙考》裏面所載的，雖明明寫著是我的劇本，可是和我的不同。就如《戲考》裏面所載的《葬花》，也少一個頭一場。

我歷年來所編的二黃劇本很多，從來沒有發表過，因為我沒有想到給劇本給人看，我只求我能夠在臺上演。我並不想做劇作家，我只要做一個能勝任的演員。

我頭一次在第一臺搭班子，演的完全是舊戲，《玉堂春》、《祭塔》，最受歡迎。我那時的嗓子真好，又高又亮又脆，又有長勁，所以禁得起累。那時候唱青衣的只要有十來齣戲就能夠搭班子了。我到了杭州，便除舊戲之外另編了些新的。各處的風氣都變了，十餘年來非有新作誰都不行，戲飯也不是容易吃的。

我在第一臺雖然是下了海，在杭州是出碼頭搭班的頭一次，職業伶人的滋味，覺得很不佳妙。初到的那一天，老闆照例請吃一頓飯，叫作下馬筵席；在席上所談的無非是誰在那裏賣錢誰不賣錢的話，其次便是商量一些關於戲目的事。他們很希望有些闊朋友來捧捧場，但是我在杭州可以說一個闊朋友都沒有。照例伶人到了一個碼頭，總要去拜拜當地的紳士、報館，和些江湖上的有力者，但是我絕對不肯幹，我以為這是很可以不必的；——以為值得一看就來看看，不值得一看便不來看算了。尤其是見著人說一聲「請你多捧」，這句話我無論如何說不出口；這是老闆最不高興的。

我在杭州登臺，生意只算平平，老闆總算沒有虧本，也就沒有閒話，可是我一天一天覺得不痛快，總想要走。祥雲是搭老了班子的，一切他都替我作主，他極力主張只要老闆不下辭帖，便可一直幹下去，我卻越演越覺無味，急於要走，結果我還是沒有演滿兩個月便離開了杭州。我以為勉強混飯吃是再沒有那樣乏味的。

我雖是每天守著個西湖，因為每天有戲，沒有能夠暢遊，每逢斜風細雨的時候，我一個人徘徊湖上，對著那秀麗的湖水，含霧的遠山，不知道那裏來許多的悲感？我自己總覺得我不是個平凡人，我又總覺我是個平凡人，說不出總覺得辜負了甚麼似的，於是我越發無聊。——空自無聊罷了，寫幾句詩也不過是空話！我自信我意志很強，始終我還是很弱，不然為甚麼老找不出自己走的路？我的性格是天生矛盾得厲害。

我從杭州回到上海，仍住林紹琴家，身邊除新置了幾件行頭之外，一個錢都不剩，東借西借過日子，每天只是讀書學戲。祥雲仍然是天天見面，彼此研究，林七爺也教我不少唱的方法。我從那時起，請了克秀山教花旦戲，如《浣花溪》、《得意緣》、《梅玉配》、《雙釘記》、《烏龍院》、《殺媳》之類，接二連三學得不少。那時我早就和賈璧雲作了朋友，《烏龍院》的身段是他教給我的。我和他見面的時候很少，但是交情不錯，我沒有行頭的時候，他很不吝惜的借給我，我至今還是很感激他。

那時替我拉胡琴的是張翰臣。他是個旗人，本姓恩，是個式微了的貴族，胡琴拉得不錯，可是鴉片烟抽得很厲害，窮途潦倒，不僅是精神不振，而且往往有些恍惚，以後他和我分手，竟不知下落，聽說他死了，誰也說不出他死在甚麼地方，總而言之是個可憐人罷了。

畹華第二次到上海，我在一家熟人的宴會上認識了他，他的戲我也看得比他頭一次來的時候為多。我的嗓音，有一部分和他相像，人家以為我的戲是從畹華來的，這卻不然。我的戲直接教過我的，第一個是陳祥雲，其次江夢花，其次林紹琴，（唱工得益較多的要算紹琴）還有便是克秀山、李紫仙、湯雙鳳、周福喜。李先生也是教我唱，周先生教我刀馬和許多花旦戲；間接受影響的便有吳彩霞、梅畹華、賈碧雲。我和彩霞相識頗早，以後又同過班，當然有些習染。畹華呢，我不知不覺有些兒和他相像的地方，碧雲雖然是梆子花旦，我因為歡喜他這個人，便很注意去看他的戲，尤其他演的風情戲。

馮春航的戲我也很歡喜看，他真有不可及的地方，可是我始終沒受過他的影響，這或者是性質不近，而最大的原因，是他不輕易用心做戲，我每每見他不高興潦草完事，似乎不能引起注意。他個性很強，做戲要趁他的高興。他不高興的時候，儘管臺下滿堂，他的戲隨隨便便的就完了；儘管臺下觀客很少，他一高興便演得比平時長得多，而且絲絲入扣。他的好處是沒有過分的動作，沒有故意的表情，沒有粗鄙的詞句，他能在輕淡之中把女孩兒的心事表現得很周到。至於他扮相之美麗，在他年輕的時候真不知顛倒過多少人！他一過三十歲漸漸的身體肥起來，上妝的時候，特製一種束胸背心，用三、四排鈕扣束得緊緊的，然後穿行頭，然而還不失其為美。以後他嗓音又塌了，唱不成聲，他便不再登臺，只看著不如他的許多後進，亂出風頭，他越發消極，他的生活也就一天一天趨於窮困了。

我和他同過班，我也聽見許多人談及他許多有趣的事：第一他很能尊重他的藝術，他在錢上絲毫不會打算盤。本來藝術家會打算盤是不多見的，可是他的用錢都跟別人不同。他在三十歲以前，完全是拿用錢作為遊戲。他在蘇州演戲，置了一房很上等的木器，臨走的時候，他要學賣好玩，便約齊一些同班的，三文不值兩文，飛快地把一房家具奉送完結，賣下來的錢，請大家吃一頓了事。他自己不嫖，一時高興請許多人同時去嫖，他卻從旁看他們怎麼嫖法。有人要求他請吃西餐，他一口應承，但是附帶一個條件，要打三板屁股；一時居然有許多人情願捱打，他便扯過一條板凳，一個一個的打著，圍著看的人鬨堂大笑，他也便得意忘言，大請其客。那些捱打的朋友，貪吃的固然有，願意給他打一打的也很多，有人悄悄地說：「看他才卸了妝，手舉著單刀[1]那個樣兒，就值得捱他幾下！」

他諸如此類的事情很多。他到了三十歲以後，便沒有那樣不羈了。他很想幹些事業，便發起伶人識字運動，獨力辦了間學校，雖然辦得不十分久，卻很有些成績，從他的學校裏出來的人，都能寫信看報，他的功勞是不能埋沒的；然而他因此損失了不少的金錢。這事本想從同行中捐募若干，到底杯水車薪無濟於事，他便縮小範圍，在自己家裏邀集些同行或是同行的子弟，自己教他們讀書，這是很難得的，他的生活卻格外困難了。聽說他的兒子快要成就，能繼承他的衣缽；名父宜有佳兒。常言說：「家貧出孝子」，春航之貧，正足以見春航；正因其貧，而使其子成就更大，這是大家所希望的。把本事傳給兒子，是比把金錢傳給兒子好得多呢。

我常常因春航想起許多演戲的。人家以為伶工是很好的職業，能夠賺很多的錢；不錯，伶工的薪金是比較別的職業高些，可是他們的開銷也比較別的職業大。譬如賺一千元的角色，每月的正項開銷總要在六百元以上，約計如左：

行頭（平均）	二百元
胡琴	一百元
場面津貼	五十元

1 舊劇後臺打人用單刀片，忌用竹板和馬鞭，竹板是刑罰，馬鞭是打畜生的。

後臺開銷	十元
夥計	二十元
家用	一百五十元
應酬（平均）	一百元
零用並醫藥	六十元
教育費	三十元
合計	七百二十元

照上表所列，約計每月開銷七百廿元，從千元中減去七百廿元，尚餘二百八十元，宜乎不至虧空，但是往往還是入不敷出的多。何以呢？不省儉當然也是一個原因，意外的開銷也實所難免。就行頭一項而言，既是有點面子的角色，總要有些新行頭，而且還要多換幾套，才能保持住自己的面子，觀眾一面看戲，一面看行頭，戲好行頭不好，觀客還是不如意。世風所尚，行頭的華麗新鮮，在舞臺上成了重要的條件。而且還有個心理：凡屬是伶工誰不想往上？所以幾百元的角色，非跟千元以上的角色競爭不可；上了千元的角色非跟數千元的角色競爭不可。不，無論你賺多少錢，站在一個臺上，萬不能讓人說你寒酸。老闆聘角色的時候，一定說：「某人玩意兒怎麼樣，扮相怎麼樣，行頭怎麼樣。」有些新進的伶工，自顧年輕有望，便借錢也要多置行頭，無論如何，招牌要亮才好。彼此競爭，大家站在臺上去比，行頭費便很難預算了。即如劉筱衡，他每月

薪金二千元，他為《頭本開天闢地》便置了二千元以上的行頭，在他的地位，也是非如此不可。行頭之外，往往還有些意外發生的支出，所以要一步一步謹慎儉約，才可以剩幾個錢，不然便能夠不拉虧空已經算好。而且最怕失業，如果搭兩個月班子歇半年，那就糟了。有時生意不好，薪水往往為老闆強迫打折扣，有勢力的老闆，便儘管生意好，也得每年借故打幾回折扣，這是常有的事，都不在預算之內。

青年俳優誰肯平平常常的捱日子？事實上也決不許這樣。無論是在臺上在臺下，無論搭著班子沒搭班子，非放開手放開腳步不能保持自己的地位，所以行頭、場面、配角，以及外面的聯絡，無論花多少錢，都不能打算盤。實情如此，沒有法子。只要隨便放一放手，就得扯虧空，何況青年人免不了的是浪費？

上海有幾個有錢的伶工，他們的錢是開戲館遇著好機會賺了錢，再拿這個錢做別的買賣來的，專靠賣藝白手成家的實在不多。北平的伶工也有有錢的，他們卻有一種特別的環境，只靠戲館裏的觀眾掏腰包是養不活的。大角色既如此，小角色便更不用說了，後臺有一句話，說唱戲的是「金碗討飯」，的確不錯。

我自從作了職業的俳優，絕對不受家庭的接濟，家裏也實在沒有力量能供我的用費。先祖雖然作了不少年的官，他是個儒者，從來沒有把錢放在心上。他常說，他只有幾千卷書留給子孫，這也就夠使子孫不致仰而求人的了。我演戲尤其是瞞了家裏，可是鄉下人造我許多謠言，往往會傳到祖母耳朵裏去，曾經因此引起些風潮。祖母呢，無從直接罵我，只是很嚴重的責備我母親，母親對於兒子的擇業，素無成見，我也毫不反顧，便一直幹下去了。只是在上海窮得沒有辦法，把所有的東西，當得精光，生活還是無法維持。從杭州回來，東拼西湊的過了好幾個月，恰好民鳴社要來聘我再演新戲，出的薪水照我演舊戲一樣，這在新戲界是從來未有的。許多朋友都主張我去混混，我便答應了。那時上海新劇界的名角，如鄭正秋、顧無為、查天影、汪優游、凌憐影、李悲世、錢化佛、張雙宜等等都薈萃在民鳴社，我進去，我尊也受了聘，還有任天知也和我在同一天登臺，真可謂極一時之盛。平心而論，大家雖然不用劇本，戲也並不怎麼壞，不過是一種Melodrama式的東西罷了。

在春柳是無論甚麼角色都沒有名稱，可是別家便有所謂甚麼派甚麼派的；無為是激烈派正生，正秋是言論派正生，還有所謂風流小生，風騷派、閨閣派、徐娘派種種旦角。我在春柳的後半期，也曾經演過很多不用劇本的戲，信口開河，我也算隨便來得，但是遇著無為的激烈派，卻把我支使胡塗了。有一次我演他的情人，我們在花園相會，他對臺下發了一大篇的議論，引得臺下的掌聲真如雷震一般，他一段完了，他便背轉身來對我說：「我說完了，你說罷。」我實在僵了，一字也說不出，只好敷衍下了場。

有一次就是和天知同場，也是在花園講戀愛，優游、天影兩個是扮兩個打岔的青年，正當我們在談話的當口，他們伸出頭來做一個怪相，臺下極力歡迎他們的滑稽，滿堂大笑。這樣一來，可就把任先生的言論打斷了；言論派的言論，不克展其所長，而滑稽的變化則層出不窮，於是天知大怒，忽然在握手密談的時候跳了起來，手中舞動司狄克，奔走滿臺，他對我說道：「姑娘，你們家裏的狗怎麼那樣多？我非先打了狗再和你說話不可。」於是，正在裝著嚶嚶啜泣的我，忍不住笑得沒有法子收拾，只好轉面內向，用手巾蒙住臉不再抬頭。

還有一回排演《武松》；飾武松的就是我尊，優游演的是西門慶。獅子樓一場武松追殺西門慶，——優游是海軍學生，他體操很好，槓子游泳跳高都很輕捷，他當和武松格鬥的時候，臺上搭著高樓，約莫有五六尺高，他縱身一跳已經跨過了欄杆，跳下樓去；西門慶跳了，武松卻拿著一把刀，徘徊瞻顧，不敢往下跳，大家都急得要命，已經要預備關幕了，我尊忽然把心一橫跳下去了。優游見我尊不來，只好躺在臺板上不動，及至我尊跳下去舉刀要砍時，他笑著說：「好了好了，就算我死了罷！」諸如此類笑話頗多，可是戲臺底下的觀眾，毫不注意，手掌還是拍著。

那時民鳴社的戲，已經早由志士戲變了專講情節的戲，這是必然之勢。新舞臺便由《新茶花》一類的戲趨重到偵探戲方面，那時連著幾十本的偵探影片極其盛行，所以有這種模倣。偵探戲的演法是全靠化妝和機關佈景，新舞臺對於這層有獨得之祕，所以極其賣錢。

說到上海的舞臺第一個大規模用佈景的就是新舞臺。夏月珊君昆玉思想走先了一步，便大賺其錢。他們的佈景最初完全是倣效日本，他們派人到日本去，由市川左團次的介紹，聘了一個佈景師和一個木匠，又照日本造了轉臺，因此演戲的形式也就跟著變了。他們的新戲雖然用鑼鼓，卻不注重在唱而在白話，正和現在廣東所謂鑼鼓白話戲是一樣的味道。他們的辦法，在當時真算一種大改革，現在上海有鑼鼓的新戲，不，可以說中國有鑼鼓的新戲（不是說話劇）直接間接沒有不受新舞臺的影響。然而談到新舞臺，不能不追溯王鐘聲，任天知他們曇花一現的春陽社；說到春陽社，又不能不追溯到東京的春柳；於是曾孝谷、李息霜一方面是最初的嘗試者，也可以說是開派的兩個人，而日本的籐澤淺二郎和左團次兩位實在幫過些忙的。

春柳的戲直接模倣日本的「新派」戲，到陸鏡若回國便由「新派」傾向到了坪內博士所辦文藝協會的派頭。但是同志會在上海在湖南所演的戲，十分之九都還是「新派」的樣子。「新派」所採的是佳製戲well-made-play的方法不是近代劇的方法，所以說春柳的戲是比較整齊的Melodrama而不是我們現在所演的近代劇。當時鏡若很想演《娜拉》和《野鴨》，我就很想演《復活》和《莎樂美》，我還請一個俄國女人教過幾天七條圍巾的跳舞，因為她要五塊錢一點鐘，我那時候太窮便半途而廢了。我們只是想，想著就很高興的對坐著說話，始終沒有實現，一來是我們沒有很堅強的決心；二來我們因為每天晚上要換新戲，弄得也實在沒有功夫；三來有許多人反對，以為那樣的東西太難懂了，演也是白演，怕費事不討好。當然，十五年前的觀眾和現在是差得遠，就是春柳所演的戲還嫌程度高了呢！我還發過一次瘋想演Hedda Gabler，那種兩根手鎗一放的頑意兒，我實在歡喜，但是也沒有成功，至於常演的許多戲，離不開是浪漫派的寫法，Melodrama的方式，不過春柳頂糟的戲，也只是取材不好，或是演得草率些，劇中悲劇的場面，絕不至有無理的滑稽。就是衣裝佈景，儘管不十分華麗，決不肯違背戲情。戲的分幕至多不過七幕，不用幕外，這是和一般不同的地方。

至於其他的文明新戲，雖然大體相似，精神完全不同；它是用日本「新派」的底子，加上中國舊戲的辦法混和一處。分幕務求明顯，所以不多用暗場，每幕之間又有幕外無理的滑稽異常之多，幾乎每個戲裏都有一個滑稽僕人，梳著一根紅繩紮的小辮子，用鐵絲藏在裏面弄得彎彎曲曲蹺在腦後，一出臺便把頭一點，那根辮子便在頭上怪動起來，引得臺下大笑。往往一家遭了慘禍，主人痛哭的時候，這種僕人出來一跳，或是怪哭幾聲，臺底下悲憫的情感完全送到九霄雲外，諸如此類，不一而足。這種地方，在民鳴社，雖不能完全革除，卻是減少很多，以後連幕外也居然免了。

我在民鳴社，除演新戲而外，也偶然演兩齣舊戲，因為可資號召，便常派我演，以至視新戲幾乎成了副業。這種辦法，一時雖頗有效果，但始終還是與劇場不利，我在民鳴社覺得無甚意味，不久也就離開了。我仍然回到湖南，過了一向，瞞著家裏把內人接到上海。

在梅白格路祥康里租了一樓一底，胡亂租了幾件家具，就成立了小家庭。叔鸞的家，就在對門，他從前的夫人很幫助我們許多的事。夜晚我出去了，她怕韻秋寂寞，常常過來陪伴到很晚都不去。

我自從這回到上海，便又搭了第一臺和周信芳、馮春航、吳彩霞同班，從此便正式做了舊戲的青衣花旦。這次在第一臺，時候比較久，不大記得了，好像有半年；以後又回家鄉一次，再到上海仍然到第一臺，不久祥雲約我到蘇州，演了兩個月，生意很不錯，可是精神上極不痛快，我不知不覺趨於頹廢。除卻敷衍幾齣戲之外，專和一班怪人，飲食徵逐，除掉吃，就是遊山，發起牢騷來便胡亂哼幾句打油腔；沒有事便和人打兩塊一底的麻將，打不滿四圈我又跑了，以後便沒人肯和我打。有時到茶館裏去下下圍棋，有時便一個人到留園假山背後去躲個半天。那時正是袁段縱橫，政局昏暗，到了極點。我一天到晚只覺沒有路走，消極的憤慨，變成無聊，一天天的日子無不是混過的。同班的人都覺得我的地位很好，看著有許多神經過敏的地方，便以為我有神經病。我那個時候的生活，只「窮」、「愁」兩個字可以包括。

我所來往的所謂怪人有兩種：一種是江湖上的朋友，一種是失意官僚。賣藝跑馬頭當然容易和江湖上的朋友接近，我也比較歡喜接近他們，有些地方我也很表同情於他們的生活。至於失意官僚，他們當我是世家子弟，風塵飄泊，一方面對我表些同情，另一方面是要借戲子來寄他的感慨；其次以為戲子跟和尚一樣，遊山找和尚談談，看戲找戲子談談，也不失為消遣之一法；還有一種人以為我是前清遺少，我的唱戲是被髮佯狂之意；他們各憑自己的意思來找我，我時時聽見許多有趣的議論，我也不過是笑笑。到這裏我又想起幾回趣事。

有一回，有一位先生請我吃船菜，同席還有許多客，船搖過一個廟，大家上去看和尚用血寫的華嚴經；大家看完了，提起筆來就在上面題起字來，題得亂七八糟，莫名其妙。我看著實在難過，他們還要叫我也題，我不肯，我說我不會題，內中便有人以為我不甚識字，便回說：「不會題詩題詞不要緊，隨便寫個名字就是。」說著他便替我起個稿子，「某月某日伶歐陽予倩拜觀」；還有一個人先奮勇要替我代題，我堅持不要，才算免了。回來的時候，我就說了幾句挖苦話，又故意用幾個僻典編幾句打油腔去奚落一番，便將他們得罪了，從此不相往來。

還有一次，一個武官約我遊西園，那裏的和尚請他上樓看所藏的經卷，還有些字畫，一件一件拿了出來，請他鑑賞。這位老爺連聲贊好，他並不識字；和尚對他特別殷勤，放下一本，又取一本攤在他的面前，當時我很想看一看，我便伸手去翻了一翻，那和尚急忙從我手裏奪了過去，放在櫃裏，連睬都不睬我，我這一氣非同小可，又不便立時發作，好容易等到吃飯的時候，我在酒席上便打開了話箱；我本從來沒有研究過內典，但正在那一餉，曾經拿了些佛道教經、六祖壇經、阿彌佗經、四十二章經、大乘啟信論、菜根談之類的佛書當小說翻過一下，當時我胡亂搬些出來，想去難一難那和尚，誰知他完全不理，一昧只和那個武官大人長大人短的講些替菩薩裝金的話，我真失敗了！

我在蘇州借住在閶門外一家朋友家裏。那間房子的後面，滿是堂子，晚上吵自不在說，最可惡的每天早晨都有小妓女學唱，矇矇矓矓的聽去，好像哭似的，所以我有「慚愧生平太蕭瑟，朝朝和夢聽吳謳」之句，那時候我真無味極了。

最後我又認識了幾個文士之流，他們找著我談談，便左一首詩右一首詩的送給我。有時要我和韻，有時要我打詩鐘，有時又要我題畫，這些都是我不歡喜幹的，勉強敷衍了幾天，覺得總是煩悶，只想約滿了我就快些跑。

恰好天影、優游、雙雲他們合辦笑舞臺，天影自己到蘇州來約我，不久我便回到上海在笑舞臺登臺。

當時因為有些文士研究《紅樓夢》，號稱紅學，所以紅樓戲非常盛行。在上海除我之外演的人甚少，所以一演必然滿座。因為要有一個適宜的小生。我便和天影結合起來，把《紅樓夢》裏面可以編戲的材料全給搜尋出來，隨編隨演，總共有《葬花》、《焚稿》、《補裘》、《送酒》、

《饅頭庵》、《鴛鴦劍》、《大鬧寧國府》、《鳳姐潑醋》、《鴛鴦剪髮》等十齣。笑舞臺雖然是演新戲的戲館，可是自從我到了那裏，三天兩日總要加演紅樓戲，臨時從外面去找鑼鼓，租配角的衣服，雖然費點兒事一來總是滿堂，也就不在乎了。

那時候笑舞臺的新戲，從來不用幕外，所以我所演的紅樓戲，雖然是照二黃戲編的，卻是照新戲分幕的方法來演，因為嫌舊戲的場子太碎，所以就把許多情節歸納在一幕來做，覺得緊湊些，而且好利用佈景。雙雲為了我的戲特意作些新佈景：譬如《葬花》，便特製瀟湘館景，很為幽雅；迴廊下掛著鸚鵡，紗窗外隱隱翠竹浮青，偶一開窗，竹葉子伸進屋裏來，我以後在其他的舞臺演，都沒有像這樣的精美。《晴雯補裘》也是在笑舞臺演得好，其他的地方一則沒有那麼許多旦角，二來不肯專為一齣戲十分排練，所以不容易整齊。我的戲都非常之注意配角，每每一個很輕的角色都很關重要，而且我演戲，不專求我一人出風頭，要注意整個的平均；在編戲的時候已經就是這樣編就的，所以有許多戲不容易實現，勉強去演也是沒有結果。即如《補裘》這種戲，換一個地方，換一班配角，便簡直不行。不止《補裘》，還有些戲也是一樣。

這回我在笑舞臺，演戲上沒有甚麼困難，演新戲，偶然也很整齊。如《韓姆列王子》、《杜司克》之類完全用西裝演，佈景也頗調和，表演也不過火。我們還用整套的日本佈景，日本衣裝演過《不如歸》、《乳姊妹》和《金色夜叉》。還有便是《空谷蘭》、《紅礁畫槳》、《迦茵》一類的戲。只有《西太后》，我沒有加入。

我在笑舞臺演著戲，沒有多久便有許多女人對我表示好意，我卻無心去招惹她們。天影的女朋友頗不少，我便也直接間接認識了好幾個。

那時候天影的名聲很大，有些人說他的壞話，但是就我所知，和我親眼所見，卻不盡如外人所揣想。天影認識女人實在多，在現在看起來，也就沒有甚麼。他所認識的女人以妓女為多，有幾個人家的小姐也不過是像朋友來往罷了。那些妓女們很歡喜和天影一處玩，不僅是天影，他們對於有點名的演員都極歡迎。她們是做生意的，嫖客都是拿錢去買她們，當她們是貨物，她們應酬嫖客，是一種不自然的舉動，另外交個把男朋友，才覺得有點人的意味。這在龜奴看起來，是大逆不道，在花錢的老爺少爺們看起來，尤其是罪大惡極，不過就她們本身著想，這也沒有甚麼了不得。這也有好幾種的心理：一種專圖好玩，她們專給人家消遣，也想找個把男人消消遣；其次就想嫁人，以為演戲的總比老爺們好些；第三種就是以為老爺們只會仗著金錢擺架子，演戲的可以作朋友；還有就是虛榮的念頭，以為某某名角她能認得，名角與她有來往，這是面子；還有呢，是覺得和伶工來往有特別的興味；還有就是戲迷，因為看了戲，就想和唱戲的來往；以後的幾層，正和男人願和伶工來往作朋友是一樣，不過出之於異性，便為人所注意罷了。

最神妙的，一個男人認識多幾個女人，便越有女人想認識他。她們會猜想：「那個男人到底有甚麼好處？為甚麼有許多女人去歡喜他呢？」於是有的呢，以為他的藝術好便去看看戲；有的以為他作人好便輾轉介紹和他去作朋友。即以天影而論，有些女人從來不認識他，偏要說：「天影我認得；沒有一點意思的人。」還有的說：「天影和我好過的。」這不是很有趣嗎？

有些女人見我從來不和她們鬼混，便起了猜疑，她們以為我不知怎樣的風流儒雅，下臺一看，才知道是個又笨又木的小夥子。

我實在沒有工夫，和女人來往，閒也是要緊的，時常不見面，她也就沒有興味了。我每天練戲已經很忙，再加之要留些讀書和休息的時間，所以便不能起居無節；交際和酬應，我是素來不慣的。其次講交際，不僅要時間，而且要錢；天影認識許多女人，我只看見他一天到晚忙得甚麼似的，而且一天到晚當當。我正在離開了家庭求生活獨立的時候，我那裏有許多閒工夫和閒錢拿去消費？天影所識的女子之中有一位很歡喜吃洋糖，天影常常一買就是好幾塊錢糖送給她，這也要算一筆大開銷。他晚飯照例不在家裏吃，一定在菜館裏，請的大致是女客，作陪的卻十回之中有七回是我；往往女朋友請他也順便請我。天影在那時有三種買賣和他最接近，便是酒館、糖果店、裁縫。他萬分不能過年的時候，還要設法當了舊衣去製一件新皮袍，我覺得太苦了。我生平以為衣服最足以桎梏人，所以不大講究衣服，曾記得在春柳的時候，我穿的一件黃色團花袍，是用先祖父的箭衣改的，有人就稱我為黃袍怪；我以為沒有甚麼衣服我不能穿的。

本來舊戲的舞臺是不讓女人到後臺的，這是一種迷信，現在內地還有一部分如此。我們在笑舞臺時，便時時有女客光臨她們帶著水果糖果各種點心和些玩具鮮花到後臺來送給我們，我們也就買些咖啡可可之類的東西回敬她們。那時候演旦角的多半是留著長頭髮，所以外來的女客和扮上的女子，往往難於分辨我們坐在一處，談談笑笑，毫沒有甚麼拘束，到也有趣。她們最喜歡拿她們的手巾和我們掉換，我常笑說：「我們也結個手帕姊妹罷。」後臺的木匠師傅很有趣，他替我們用佈景片搭起一所小房子，裏面有炕床，有桌椅，有茶具和痰盂之類；電燈師傅又特別替我們裝上電燈；冷的時候還可以生起火爐。

這樣的時日過得雖然不是甚久，有一個妓女便和我熟識了。她的衣裳我正好穿，她便時時勉強我穿她的衣服上臺，久而久之就約她到她家裏去吃便飯。她縱酒佯狂，倒也很有個意思。

我也會連檯吃花酒了，有兩天也會睡到下午四點鐘起床，也會把舊皮袍換個新面子。我這樣幹過兩個月，我覺得萬萬不能繼續，便以最堅決的態度再也不玩。還記得有一天晚上那女子站在我的房門外，我始終沒開門，我隔著門把我的意思告訴她，我說不可彼此相誤。那時候我完全是理智的，我決不能因為她的糾纏弄得許多的麻煩；她明白了，以後便沒有見面。可是這種事情我生平只有過這一次。

我因為胡鬧，每月用錢超過預算很多。那年除夕我實在窘極了，天影因為避債，住一家旅館裏開了一間房子，我也在那裏，偏偏有人知道，有的送年禮，有的來請吃年飯，這些一一都要賞錢，但是我們一文不名，只得臨時當當，無奈沒有甚麼可當的了，便只有盡其所有，一舉而空之。正在為難的時候，恰好蘇州民興社又來聘我，而且帶了錢來，我們實在高興極了！

我第二次到蘇州，比第一次更受歡迎，演了兩個月，但是一個錢沒有剩。我還要接濟人家，到了這個時候除了繼續搭班，沒有他法，所以民興合約一滿馬上又受了笑舞臺的聘。

二次笑舞臺演完，便於民國七年春天進了九畝地新舞臺，在新舞臺演了一年半，便離開上海到了南通。自從杭州演戲，至到南通為止，在我們演戲生活中可以算一個段落。這許多年，我的生活獨立問題總是和藝術的期望兩下裹著，我受了鏡若的影響，頗以唯美主義自命，我所演的戲無論新舊，大部分是愛情戲；這一半是因為自己角色的關係。我從來沒有在臺上演說過，也沒有編過甚麼志士戲。我心目中所想的就是戲劇——舞臺上的戲劇。我不信藝術能夠在何種目的之下存在，這一層在當時便有許多人反對我。

笑舞臺完全是由商人組織的，當時有一個商人要想壟斷新劇界，他便組織一個公司，用非常手段把一班新劇演員籠絡起來。所謂手段，總離不了金錢和洋奴勢力兩種，而後者居其大半。我們有幾個人反對，很用了不少的力量，才好易脫離圈套。果然後來還有幾個演員因為上了當，戲不能不演，而錢又還是拿不著，要想脫離，以至於挨打坐監。我們幸而免的，總算安穩過去，然而也就弄了不少的麻煩。

我從這種麻煩的範圍裏跳出來，不久便進了新舞臺。我進新舞臺不一定是為加了包銀；我聽見新舞臺辦得很好，以為可與有為，也是真的。我的幾個老朋友對於我這個舉動卻不謂然，他們說新舞臺的辦事異常厲害，有絲毫不對的地方，常會使人大大的下不去，所以便斷定我不上第一個當，一定要上第二個當。不過就我所知道的，當時新舞臺辦事認真，唱戲的不容易在他們那裏去鬧皮氣確是真的，要說待人十分不好卻不見得。無論如何他們到底是唱戲的，儘管想賺錢，總比流氓開戲館多少懂得點演員的苦處。

提起新舞臺就要說到夏氏兄弟。他們兄弟四個，大的月恆唱開口跳出身，其次月珊，唱老生，其次月潤、月華，都是武生，照他們的大排行算起來，月恆行二，月珊行三，月潤行八，月華行九。在社會上人家叫起來就是老二老三老八老九；這幾個排行，似乎比他們自己的名字還要響些。

他們是安徽人，北邊生長，哥兒四個，都長得魁梧凝重，孔武有力，而個個都是精明能幹，不畏強禦。當初在上海開戲館，因為怕流氓搗亂，所以要聯絡幾個比較大的流氓保鑣，久而久之，保鑣的流氓也就不免意存箝制，無論甚麼權利，他們總要先享；譬如發薪水也要先儘他們，儘管生意不好，後臺的薪水發不出，他們總得預支，因此引起後臺的不平，然而沒法兒對付。

夏月恆到上海的時候，才十八歲，剛巧遇見這種事情，好幾個天津流氓正在樓上賬房裏吵鬧，要支用預備發包銀的錢；他便抽一把刀，攔著樓梯口一罵，專等那幾個流氓下樓決鬥。誰知那幾個流氓是沒有用的，竟不敢下樓？於是流氓的氣大挫，而伶界的氣大伸。從此以後，夏家幾兄弟一直和流氓鬥了十幾年，總算替伶人爭了口氣，而外來無理的侵侮。也就一天一天減少了。這不僅在上海，在別處也是一樣。從前在漢口，旦角上茶館，必定要替流氓的頭腦斟茶，夏家的團體到漢口首先就革除這個例，因此引起當地流氓的反感，生出許多的麻煩；可是夏氏一團，不屈不撓的設法應付，不想越應付麻煩越多。有一天流氓大頭腦劉某，約夏月恆過江到武昌赴宴。他一想：去，免不了危險，不去，是萬萬不行，於是他們幾弟兄和個心腹朋友，計議妥貼，答應過江。到了第二天，大家結束停當一個個身藏暗器，月恆坐著轎子，幾個兄弟和朋友們前後跟隨著，一直到了約定的地方。那劉某估定他們決不敢去，不料他們竟去了，到底江湖上的人好漢愛好漢，不打不成相識，這樣一來，大家反而作了朋友，這也是可資紀念的一件事。

還有我認為最了不得的，就是他們早已經感到了唱堂會是恥辱，所以他們在辦丹桂戲園的時候，就設法不應堂會。本來他們受過不少演堂會的委屈，所謂傳差，官上一傳就得去唱。夏家弟兄為免除這種傳差也費過不少的精神。在宣統末年和民國初年，南京新舞臺成立的時候，他們才算完全不演堂會戲了。不演堂會戲這件事雖然局外人看著很平常，在當時不要說是那些有勢力的不能諒解，便是同行的人也以為絕了分賞錢的路，大家反對。這個弊習連革了好幾次命，都還沒有革掉。夏氏在當時的努力，實在可以佩服。而現在上海的堂會卻一天一天盛行，對夏氏真不能無愧。

新舞臺最初設在上海南市十六舖，以後才又改到城內九畝地的。南市新舞臺是在中國第一個採用佈景的新式舞臺。他們改革的動機的確是受了王鐘聲等春陽社的影響。那時因為中國還沒有人會製佈景，所以夏月潤自己到日本去，因市川左團次的周旋，聘了一個日本佈景家，一個日本木匠回來，編些新戲，配上新景，使舊劇新劇化，開從來未有的新面目。南市本是一個冷淡地方，這樣一來，忽然大為熱鬧。新舞臺本身賺錢自不用說，夏氏弟兄、潘月樵、毛韻珂他們這幾家，一轉眼都腰纏數十萬。他們最受歡迎的戲有《新茶花》、《明末遺恨》、《波蘭亡國慘》之類。當時種族觀念正從國民間覺醒過來，這種戲恰合時好，如是潘月樵的議論，夏月珊的諷刺，名旦馮子和（原名小子和），毛韻珂（原名七盞燈）他們的新裝、蘇白，便成為一時無兩。

辛亥革命，潘夏諸人一齊加入工作，去攻打製造局。他們又組織救火會、義勇軍之類，很能取得社會一般的信用，而伶人的人格也因以提高，新舞臺本身的基礎也就格外的鞏固。

至於新舞臺的戲，既不是新劇，又不是舊劇，但與其說是舊劇新演，不如說是新劇舊演。最可惜的因為佈景賺了錢，便不甚注意到排演上去。新戲當然是不用劇本，唱工格律都放在第二、三步，所以自從遷到九畝地之後，漸漸的臺上的變化少，表演粗濫，唱工更不注意，只剩有滑稽和機關佈景，在那裏撐持。但是《就是我》一類由電影採取的偵探戲，還出了不少的風頭。

我到新舞臺的時候，他們都已暮氣甚深。潘月樵自從民國元年擔過一次司令的名義，他對於演戲已經很不熱心，只想再去作官；他的二十萬家財，都交結了藍天尉和岑春煊兩個人，每天只聽得他說老帥長老帥短。夏月恆是早已經在浙江當緝私營的統帶；他不大到後臺，一來就只聽得「二老爺，二老爺，」的聲音叫得震天價響。月潤擔任伶界聯合會的會務，在外面交際很忙，晚上便開懷痛飲，所以也沒有十分的工夫去研究戲；月華常常多病，不大問事；只有月珊總理一切。論月珊的為人，要算他們弟兄裏最沉著最能幹的一個。他雖沒有讀過多少書，可是對於事理異常通達，待人也很能忠實不苟。他律己最嚴，絲毫沒有嗜好，所以常輪到他說人，卻輪不到人家說他。他城府頗深，辦事極其精明，能勤能慎，而又有很強的決斷力，與人相交，氣味絲毫不俗，而管理事務井井有條。我對於夏三先生不能不表示敬意。可是我進新舞臺的時候，他已經是沒有絲毫奮鬥的興致，只存著當封翁得過且過的念頭，每天除照例處理後臺的事務外就是念佛。我也曾對他提出許多改革戲劇的辦法，他只能說出許多難處，連嘗試的勇氣都沒有了。

所以我在新舞臺每天除演照例的戲外，沒有甚麼事；就是排新戲我也不在意下。那種臨時湊的新戲，除上下場加鑼鼓，及佈景的尺寸大些而外，一切都和笑舞臺相差不遠。

我每天頗有閒暇，便讀書作詩，並補習些外國文；然而我所注重的是演戲——演我想演的戲。我總覺得雖然是掛頭塊牌的旦角，總沒有絲毫表現長處的機會。最不好的是我每天都讀幾行新書，有幾個日本朋友時時都介紹給我一些文藝批評和創作，這些東西，使我對於現狀越發不滿，而我煩悶的態度時時露於外表，因此有許多人說我有神經病。我每天到後臺很覺得無聊，便學徐半梅的樣，帶一本書去。我曾經見半梅在笑舞臺後臺讀完一部《紅葉全集》，我很慚愧，讀書沒他那樣敏捷，而新舞臺的後臺電燈也和我的眼睛一樣不甚夠亮。

我本來是近視，看近也可以說比人強，遠一點的東西我便看不清。但是我時時刻刻都練習運用眼睛的方法，所以到臺上顯不出近視。我在新舞臺有許多人包著廂來捧場，過幾天一定來看我，見面頭一句，一定問我看見他們沒有，這不是冤枉嗎？

像新舞臺那樣坐兩千人以上的舞臺，要我從臺上看包廂，本來強人所難，但萬想不到就是坐正廳的看客我也沒法兒看得見。有一晚，我正出臺的時候，有一個穿綠衣的女子靠臺前走過，她朝臺上一看，我也就不覺得看她一眼，她經我這一看，馬上就站住了。

我因為她穿的綠衣，所以知道她是個女子，因為她戴著眼鏡，眼鏡的光在電燈下一閃，反光觸動我的眼簾，不覺報之以一盼，她馬上站住，這不是很有趣嗎？

那時候時常有許多女人包圍我。包廂看戲，當然很普通，每逢演完戲出來，常有些女子後面跟著。每天總要接幾封情書。我因知識的慾望比性的慾望大，沒有功夫去理會；而且那些女子，也不過想把男人當一個消遣品，我對他們實在沒有發生戀愛之可能。何況我除自己的愛妻韻秋而外，再選不出適當的配偶？

有一次有一個朋友約我同到街上走走，一走就走到一家人家，一進門就有一個女子出來迎接。她引我進一間房，另外有一個姑娘在那裏坐著。那女子人家都叫她T少奶，那姑娘人家都叫她S小姐。T少奶把我介紹給S，她的蓮花妙舌在介紹詞裏極充分的表現出才能。她先述我的家世，這一定是我那朋友告訴她的；又稱讚我的學問和我的藝術，再稱讚我的人品；要不是打好腹稿，決沒有那樣的流暢罷。她說完就把我的朋友一拉到別間房裏去了，留下我和S小姐相對而坐，彼此暫時無言，只有微笑。以後便談了些演戲的事，她歷舉我許多戲，表示齣齣她都看過，又批評這個配角不好，那個配角不好，似乎她簡直要開間舞臺，專為我請齊配角演個痛快。說完她靠著床上，問我搽甚麼粉，用甚麼胭脂，戴的是甚麼花，梳頭的是男人還是女人。說到正高興的時候，忽然進來一個少年，穿著銀灰花緞的皮袍，一字襟綠寬邊的背心，白絲襪紫呢暖鞋，梳著和女人差不多的頭髮，而白唇紅，眉目清秀，但免不了帶著幾分下流氣。他一進門很溫順的坐在S的旁邊，她很不高興的對著他，說：「你去罷！我沒有功夫。」那少年不走，她就走出去了。T少奶跟著進來，介紹我和少年相見。我只覺得他身上香氣一陣一陣的擁過來，我以為他比S小姐實在要漂亮些。

一會兒少年走了，T少奶和我談起S的事，說她如何傾慕我，說著用手指著門外：「剛才那個小孩，也算不錯罷，可是她看不上眼。她是非你不可的。而且她很有兩、三萬現貨，全都帶過來呢。」我聽了她的話，絲毫沒表示意見。她又說：「你是個謹慎人，不輕易答應人，也不輕易拋棄人，這正是她選中你的地方。不錯不錯，你們多對幾次眼光罷。有緣千里來相會，何必我來多說呢？」

這個時候S小姐和我的朋友進來，後頭跟著一個老媽子手裏端著水果。S笑迷迷的一瓣一瓣替我剝橘子，一顆一顆替我剝葡萄。她又故意坐得很遠，叫我把果子遞給她，我都照辦。T少奶忽然問我：「你們夫人去世差不多一年半了罷？」我因為她問得奇怪，不知道怎麼回答。她又說：「像你夫人那樣聰明伶俐的人，怎樣會掉在河裏死了？真是想不到！」我說：「沒有。」她很驚訝的樣子，「呵……是的，是的！我糊塗了。那是另外一個歐陽的夫人。……你們夫人是上海人，死的那個是湖南人。」我說：「不，我內人是湖南鄉下人。」她說：「呵，是鄉下人；怪不得你們夫妻不和睦。」我說：「我們很和睦。」她看著我們的話談不下去了，她便打好一口鴉片讓我，我說從來不抽，她便自己抽起來。抽完了，她又拉著我的那個朋友跑到後背一間房裏去了。S小姐斜靠在床上，她要我坐近她，把她的手給我握著，她瞇著眼，不住的伸懶腰。電光從深紅色的紗罩裏透到她的臉上，微微的顫動，不一時她全身都顫動起來。這種情形，在她總算表現充分，但在我拿舞臺上的研究作標準看起來，她造的空氣還很不夠濃厚。她對我說：「我就歡喜人家拿我鬧著玩，一個女人給一個男人拿來開玩笑，這是多麼快樂的事呵！你天天扮女人，你不懂女人的心嗎？」我那個時候正是一腦門子的易卜生，對於她的話，失了感受性。她說我不懂，我到底懂不懂呢？

T少奶一會兒拉著我的朋友進來，先在床後頭略站。她對我的朋友說：「我早說那個是對了眼光，這個說不定，壞在他多少有點學問，軋姘頭是用不著學問的阿，哈哈哈哈！」

夜漸深了，我和我的朋友起身告辭，走近大門，有一間房門偶然開了，裏面坐著許多不三不四的男人，我的朋友告訴我說那都是在T少奶支配之下的。怪哉天下蠢才之多！

我覺得天底下的事，再沒有比演一齣好戲更快樂的。每當前面一齣戲演過之後，臺下人聲嘈雜起來，大家都作看下一齣的準備。我們化好妝，等在後臺，心裏有說不出的不安；說一定怕甚麼，決不是的。凡屬一個自愛的伶人，當然認定舞臺是他生命的歸宿地，他的生命的表現只在登臺的短時間裏，如果在臺上有絲毫錯誤，全劇就受了影響，他的生命就無從表現，自己的地位，就會搖動。這是就私而言；反過來說，觀眾費了金錢和時間來看戲，若是演得不好，便對不起他們。所以在登臺的時候，必定要有充分的注意力，一上臺便要把全生命都灌注在那裏。我們往往演一個短戲，下臺的時候覺得十分疲倦，這不是局外人所能想得到的。

常言說得好，「一分精神一分事」，一些兒不錯，要演好戲必定要有精神。所以說：「演劇是身體的藝術」，身體不好是不能演戲的。

在人聲嘈雜之中，走出臺去，上下一靜，一舉一動都為人所注意，演到情節最緊張的地方，差不多臺底下的呼吸都聽得見，這比全場喝彩還要有趣。

要臺下注意，當然有許多方法，用法律，或是警告去讓人靜聽不過是片面的；最要緊的是臺上的呼吸調和。要求臺上呼吸調和，便不僅是照顧對手的角色就夠，一定要照顧全場，而對手角色的動作，尤其處處都要使之與自己的動作相應答而組織成一種自然的諧和。這種諧和，不容易得到，只要一得到了這種諧和，那真是舒服。音樂沒有這樣的風韻，美酒沒有這樣的香醇，好比春風微雨精室溫衾之中，作一個極甜酣的夢，滿身的骨節毛竅都含著美妙的韻律。一到演完帶著陶醉後的疲倦回家，臺上的情景，和著化妝品的餘香輕輕浮泛，這種深純的安慰，當然不自外求。但是這樣美妙和諧，十次之中也不過得到一次二次，遇著舞臺不好，配搭不全，裝置不合，或是排練不熟，音樂不和，往往百次之中得不到一次。而且那些粗俗的演員，只聽到臺下喝彩，揚揚得意，決不能尋求到情感深處，寄託自己的生命；演一世的戲，不懂得諧和之美的，不知凡幾。只要一經懂得，追求的心，必定很切，所以在我這種戲迷，一天到晚，只知道戲，對於性的擾亂，無謂的和人周旋，都覺得毫無意思，非但沒有意思，而且極其煩厭。我看見他們那些為了幾個下流女人一天到晚皇皇然不知所措的，真是莫名其妙。

新舞臺的戲專注重佈景的變化，表演道白只求快捷滑稽；細膩熨貼，一概不講；甚麼叫呼吸，甚麼叫調和，更不在心上。我起初有些不慣，後來我也學乖了，跟著鑼鼓上場，跟著鑼鼓下場，倒也頗為省事。唱的時候頗少，道白的時候比較多。就以道白而論，有功夫便說長點，沒有功夫便說短點，一以佈景時間長短或是第二場的人換妝的快慢為標準，後臺叫一聲「馬前」，我們便快快的下場；叫一聲「馬後」，便把話拉長，拉長再不夠，便叫起板來唱幾句，詞兒都是臨時編起來。這若不先在舞臺上幹熟了的頗不容易。照後臺的術語，能夠臨機應變的叫作「活口」，不能的叫作「死口」。起初他們怕我是死口，以後看見我也能隨意胡扯，他們都很歡喜，說：「想不到你是活口！」最有趣的是趕排的戲。往往鑼鼓打錯，唱戲的也只好跟著走。譬如你預備唱倒板，他跟你打搖板，或是打慢板，預備唱慢板給你打成元板之類，這種事數見不鮮；因為臨時改鑼鼓，會被臺下發覺錯誤，所以唱的人只好將就敷衍過去。有一回有一個人扮一個老頭子，嫁女，本應該是唱上，場面打成念上，他只好念兩句。但是一時想不起甚麼辭句好，他只好借用別的戲裏「花燭亮堂堂，打扮作新郎」兩句。第一句念出口，他忽然轉念「今天是嫁女怎樣好念打扮作新郎呢？」他這樣一想，下句再也念不出來，其實念一句「打點嫁姑娘」豈不好嗎？這就所謂「當場一字難」，他始終沒念出來，只聽得他接一句「呵哇呵哇呵哇」；笑得滿臺的人個個都抬不起頭來。還有一次，一個花旦預備上去念兩句「小姐得病症，叫我常掛心。」誰知胡琴響了，他只好改成唱。他剛開口，忽然想到五個字不好唱，他便想改一改；但是剎那間沒有辦法，他只唱出「我小姐」三個字，接著莫名其妙的唱出「自那日」三個字。越唱越不對，結果唱成「我小姐自那日在花園一時間得下了不治的冤孽病症。」後臺的人都奇怪起來，便有一個人在幕後叫了一聲：「好長的句子。」他越發慌了，下句便只唱出三個字來，「何日好？」這樣一來害得那個唱小生的笑得走不出去。戲是這樣演法，你想還有好戲沒有？不過習慣已成，積重難返，主持的人沒有改絃更張的勇氣，大家又說要這樣才能賣錢，雖有智者亦莫如之何。加之事實上也往往給主張改革的人以打擊，有排一個月鄭重出演的戲毫不賣錢，而排三天的《濟公活佛》卻有擠不開的人看，試問還是暫維生計呢，還是犯大不韙堅持自己的主張呢？

新舞臺當時的營業方法，是不用包銀十分大的角色，只靠新戲維持。然而同我一天登臺的有武生何月山；他從北邊到上海，不過賺三幾百塊錢，一齣《塔子溝》，打真刀真鎗後，他就大紅而特紅。他所靠的是氣力長，手腳靈，便真刀真鎗打起來，看上去間不容髮的危險。他又把從前綠營許多武技加進戲裏，人家很覺新鮮，所以大賣其錢。還有他唱《長坂坡》，一場連著五個鷂子翻身，又能一條腿絲毫不動的站半天；唱起來氣異常之長，一腔轉幾十個彎不換氣，就這幾項本事，登時月薪從幾百元漲到二千元以上。當那時他真是英雄年少，那個不搶著要他？班主搶著要聘，上海的女人搶著要姘，真是花團錦簇，盛極一時。可是不久他的氣力減退了：真刀長鎗太快的地方漸漸不能應付；一條腿站住有些搖動；長腔使不到頭；起初以為是偶然的事，以後不免就成了症候。他在新舞臺頭一天登臺，就啞得一字不出，他馬上就要退錢不幹，夏三老闆到底是內行老闆，他極力的安慰他，留他養息，過了一餉，他雖然好些，始終沒恢復從前的原狀。他自己煩悶，沒有幹長下去，出了新舞臺沒有多久，他就從繁華的上海解脫去了。

月山出了新舞臺，後臺也就改組。凡屬一百元以上的演員都作股東與前臺合作。我在這個時候把優游、半梅介紹進去，天影是原來就和我在一處的。

半梅因為不願搭班，沒多久他就專門寫小說去了。優游從那回進去，一直到新舞臺停業，他沒有離開。民國七、八年之間，文明新戲已經由極盛轉入衰敗。民鳴解散，正秋他們到了漢口；優游從笑舞臺而漢口，而民興社也就很難支持，因此受了新舞臺之聘，因此而上海新戲界更形冷落了。

優游到新舞臺，起初把《空谷蘭》重演，生意不錯。優游飾柔雲，本是一時無兩的傑作；我飾紉珠。我和優游兩個都有相當的氣力；我進過陸軍式的中學，他是海軍出身，我們演柔雲和紉珠搶藥相打的一場，互相扭住大滾滿臺，臺下鬧哄哄的拍手叫好，我們也以此為笑樂。潘月樵飾蘭蓀男爵，態度不錯，可是我最怕的是後面團圓一場，他拉住我兩隻手叫一聲妻，妻字一出口，唾沫好似毛毛雨一般飛了過來。

新舞臺是以西裝戲著名的，個個人都有幾套西裝。優游也排了幾本西裝戲，如《拿破崙趣史》之類。這種戲最要有忍耐的就是旦角戲既長，場子又多。在北風怒號，冰雪滿途的夜裏，當新舞臺那種深大空敞的後臺，我們穿著袒胸露臂的西裝，站在佈景後面等候上場的時候，那真變了「冰肌玉骨」，若不是極力支撐，就幾乎不能上場。可是上場以後，卻也不覺甚冷，因為注意力的集中，下意識的作用，可以增加忍耐的力量，不過有時靜默太久，頭一句臺詞往往嘴唇的活動不甚自由。俗語有說：「凍不死的花旦，熱不死的花臉；」旦角再沒有比穿西裝更冷的罷。花臉在熱天穿上棉襖，當然更不好受。還有靠把武生，他一樣要穿胖襖（一種棉半背），大熱天紮著靠，戴起很重的盔頭，做種種激烈的動作，我以為比冷還難過。就是唱花旦的熱天演醉酒一類的戲，也就夠受的了。

我在新舞臺演戲沒有甚麼成績。人家都說在新舞臺演戲功夫要退步，在某點上看起來的確不錯。尤其是武工，因為不甚注重武戲；其次就是唱工，慢板是從來都唱得很少的。——短齣的戲，偶然唱一唱，平素多半束之高閣。專靠演舊戲吃飯的角色，不很願意搭新舞臺，這也是一個原因。我呢，演自己的戲的時候很少，不過生活卻頗安定。兩夫婦租一所一樓一底的房屋住起來，每天還有些工夫讀書，練戲，閒時還可以到郊外去玩玩，不過這種安定的生活不是我所能滿意的。可巧有一個同鄉人介紹我到南通去演義務戲，我聽見南通是中國的模範縣，所以很想去玩玩，於是便請了幾天假去演了四天戲，因此認識了張季直先生。

當這個時候，張敬堯正在湖南作惡，凡屬與民黨有一點關係的人都避陷害，而他的兄弟張敬湯尤其擅作威福，所以害湖南者無所不用其極。於是各縣各鄉的志士都想起而驅此惡賊，民軍四起。先外祖劉艮生先生為當局所疑，不能安居，動身來到上海舍弟儉叔，在鄉下想起民軍，為官迷的戚友到省城去告密，下令查拿，一面要封我們住屋，遂使先祖母和家母不得不避到鄉下，帶著我的小姪兒住在一個佃戶家裏。舍弟連夜逃走，母親於月黑風高的半夜送他過一座山，當時的悽苦如今還留著創痕。舍弟到了上海，幾個有關係的親戚也來了，我住的一樓一底，一時人滿；而先祖母和母親又不能在鄉間久避，只好一齊接到上海我妻韻秋，只好立刻趕回湖南去接，這樣一來，我便十分困難。正在韻秋離滬後兩、三日，忽然所有的行頭衣服全被用人偷去當了。我身上沒有一個錢，弟弟病在床上，親戚們也都生病。有一天晚上，我一看厨下沒有柴米，第二天就要斷炊，想找點甚麼去當，誰知打開抽斗一看，早已被人席捲一空。我只好姑且脫下身上的馬褂，敷衍了一天的伙食。那幾天四處去借錢自不用說，可是寄出的信一封都沒有回信，去見人也沒有著落，真是越急越沒有辦法，最後還是向夏三老闆想了點法子，才過了急難。一面再設法請偵探，尋找行頭，誰知偵探剛請好，報了巡捕房，那個傭人又把當票寄回給了我；反白花了數十元去謝偵探。幸喜祖母和母親到滬都很平安，不過從此後把湖南的大家庭生活移到了上海。

正另外租好房子，打在上海長住的主意，忽然南通派人來約我，說是張四先生想起一個科班，還要造一間戲館。於是我寫了一封信回張季直，把我想辦演劇學校的計劃告訴他。他回信一切同意，並說曾託熊秉三在北京招了一班學生，於是我便也答應到南通去。

我辭了新舞臺的朋友，先到北京去看學生，看過之後，甄別了一下，先派人送回南邊；就著有工夫，我便偕同張氏的心腹人薛秉初，由北京而奉天，而朝鮮，到日本去走了一趟。秉初因為在日本不慣，住三天就回來了。我原意是要就這個時候考查一下日本戲劇界的情形，我去訪問了在上海認識的畫家石井柏亭氏。又因小山內薰氏的介紹，參觀帝國劇場，還看了一天大阪最有名的傀儡戲。本想多參觀些地方，不想生起病來，在病院裏住了一個月，甚麼都沒作，一出院就趕回了上海。

我二十幾歲才出疹子，出的時候幾乎死了。在未出疹子之先，我一隻手能舉八十斤的鐵錨擲出去；又能轉動五百餘斤的方石，推到十幾丈以外，再推回來；腿向後一彎，在腳跟上站得起一個大人；自從一出痲疹，甚麼氣力都沒有了，癱軟在椅子上，經過三個月才好。好了之後，每年到夏天就要發軟不能走動。這回到日本正當夏天，在北京又有許多的應酬；天氣太熱，火車的路線又太長，受了暑熱的結果，一到日本，就又完全癱軟了。同時還發生幾種炎症，越發沒有辦法，只好入院。

在病院裏頭並沒有一個人來看我，因為朋友們都不知道，等到有人知道我已經差不多出院了。幸喜一個看護婦還不錯，她替我找了一個人，買了不少的書。我每天只是睡著，遠遠聽見彈琴的聲音，我就想起舞臺上的生活。想去看戲，卻又動不得。只有讀書，讀了就睡，睡醒了又讀。讀完了一冊《復活》，一冊《卡爾曼》，一冊囂俄著的《哀史》，還有兩冊盧梭的《懺悔錄》，兩冊社會主義的書，又零零碎碎東翻西翻看了些短篇小說。這些書裏沒有一個寫病人心理的，我便伏在床上寫了一篇日記，曾經在南通的報上登載過一半，如今也不知稿子在那裏去了。

我從日本回到上海，病也完全好了，便退了上海的房子，全家搬到南通；而我的生活又為之一變。

在南通住了三年

我到南通住了三年，本抱有志願，不料一無成就。人家個個看我是幸運。但我物質上既無所得，精神上的損失，真是說不出來。

張季直四先生待我不錯，在朋友的情分上，我覺得甚為可感。不過思想相去太遠，他到底不失為狀元紳士，我始終不過是一個學生罷了。

四先生能夠給我以相當的待遇，其他的紳士們，當然也會另眼相看；我在那裏也就認識了不少的朋友。酬應之間，賦詩飲酒，如果安排浮沈自適呢，這種光陰也不錯，無奈人家所給我的，都不是我所需要的，我便只覺得煩悶，從來沒有什麼快樂。

我所同事的人很少有一個和我合適。漫說是思想不相容，就是知識之相去亦復太遠，所以無論甚麼事決沒有法子談到一塊兒來，結果「皮氣古怪」、「心地狹窄」、「驕傲」這幾種批評，就自然而然的加在我的頭上來了。我實在沒有法子，只有孤立在他們當中。

我到南通的目的，是想借機會養成一班比較有知識的演員，去代替無知識的演員。我又想在演劇學生能用的時候，便組織江湖班似的流動團體，四處去表演自己編的戲。其次我想用種種方法，把二黃戲徹底改造一下。關於這幾層，我曾經演說過好幾次，又做過好幾篇文章，在當時的環境裏可以說是毫無影響。本來在南通人的意思，只希望我在那裏唱唱戲罷了。

我一到南通就在西公園的舊劇場裏演戲。同時新的「更俗劇場」也就開工建築，伶工學社的學生也開了學。

西公園的舞臺當然是很簡陋的。在那裏不過隨便演些舊戲，卻是為賣錢起見也排幾齣新的；可以滿意的是絕對沒有。

我從上海到南通的時候，我和天影鬧翻了，後來經薛秉初調停，仍復同去。秉初和天影氣味極相投，秉初任前臺經理，天影便任後臺總管事，我雖沒有擔甚麼名義，然而在事實上被張氏付託，兩方有過問之權，他們有事也來問我；我的意見卻不幸從沒有和他們相合過。我雖然住在上海有好幾年，但不幸沒有深入四馬路的下層作過工作，未免不合時宜罷？有一樁最有趣的事：秉初說《血手印》可以賣錢，要我演那個戲，我在新舞臺本來演過，我又有的是西裝衣服，又何必不演？只是附帶有個條件就是戲要由我編過，佈景要新製。編過劇本當然不成問題，佈景新製就辦不到。有牢監一場，臨時才知道牢監景沒有，秉初定要叫我和《起解》、《六月雪》一樣，放張椅子當牢監。這我當然不肯，因此大鬧一場。戲上的事他不懂沒有法子，試問穿著西裝做舊戲身段是甚麼滋味？可是他會來勉強你，其他可以想見。

伶工學社的學生，大半都是些貧民子弟。伶工學社的辦法第一是要求他們能讀書識字，所以我聘請有比較好的國文教師，而且對於社會常識都很注意。我把一切科班的方法打破，完全照學校的組織，用另外一種方法教授學生。那時候照秉初和天影的意見，或者迎合一般的環境，較為切近事實也未可知，但是我有牢不可破的主張，所以他們也不願意踏進伶工學社的門。

我在校內寫了有幾個信條，張貼在各處，第一條開宗明義就說：「伶工學社是為社會效力之藝術團體，不是私家歌僮養習所」第二條說：「伶工學社是要造就改革戲劇的演員，不是科班。」這本來是很平常的話，不過在當時只落得人家幾聲冷笑。

我不願意我們的學生甚麼都不懂，所以買了許多新雜誌和新小說等獎勵他們看，如《新青年》、《新潮》、《建設》等等都抽空去講解些。可是徒勞了，學生的年齡太小，知識太幼稚，沒有辦法。加之那班教戲的先生，一天到晚都是勉勵他們趕快學出來好拿大包銀；這種種話比我所說的甚麼話都有力量。

我當伶工學社的主任，本定有一百元的月薪，可是從來沒拿過，因為經費不充就貼在學校用了。因為張敬堯在湖南作惡，祖母和母親不能在故鄉安居，便全家都到了南通，我不能不生活，只有每天還是演著戲。這可以說我不徹底的地方；不過我不演不容易維持劇場，何況伶工學社的經費一部分是要靠劇場的收入？我雖然唱戲拿包銀，但是比較在上海拿得少。本來出外碼頭（從上海到他埠謂之出外碼頭）無論誰都要加錢的，可是我非但不加，而且自願減少。我以為要是這樣才可以表示態度，表示我所為的是要替我劇界作一點兒事，不是為包銀。只要戲演得好，生活勉強過得去就是了，不必千方百計替自己鼓吹去求加包銀；這層意思，我尤其想讓伶工學生明白。可是在後臺的人另外有一種解釋：有人說我是故意這樣作，故意自己壓低薪水，使大家不好說要加薪，有人並以為我暗中可以從張氏得津貼。

有人對季直說：「人家的科班三個月可以出戲，伶工學社幾時能夠有戲看呢？」我便說：「科班是用火逼花開的辦法。若要辦科班，找歐陽予倩便是大誤。」

有人當季直的面問我：「學生國文的鐘點不太多嗎？」我說：「我還嫌太少。」季直接著說：「要他們學成你那一樣的程度當然不容易。」我不高興便說：「我不願意他們像我這樣沒出息，何況他們比我還差得遠！」

更俗劇場新建築落成了，舞臺的圖樣本是我審定的。造了一小半的時候有小小的更動，我大不以為然，但是許多人都請不要提起，我也就只好不說。落成之後覺得很攏音，在樓上、樓下最後一排都聽得很清楚，而且比上海的大舞臺第一臺天蟾之類的舞臺那一個都適用；不過改動的一點始終覺得不好。

劇場管理規則完全是我一手擬定的，那時劇場秩序之好，恐怕通中國沒有第二家。座位依一定的號碼，場內不售食物，看客不吐痰，不吃瓜子。有吐痰的馬上有人拿毛巾替他擦乾淨；有自己帶著瓜子進來的，有人馬上替他拾起吐下的皮。無券看白戲的絕對沒有。後臺的演員絕對不到前臺坐著看戲。招待員常穿著制服很嚴肅地站在門口。開幕之先一個個座位都有人檢查，演畢馬上就將地板洗過。

後臺從來沒有喧嘩；門簾口沒有人站著看戲；牆上決沒有人寫字；地板每天洗一次，地下也強制的沒有人吐痰。後臺所有的人都有一定的座位，不至亂雜無章。從來舊劇演員排新戲照例不到，但是在更俗劇場沒有不到的。別的雖沒有好處，總算清潔整齊，比別的後臺略為看得過些。

以上所說的許多瑣碎事，在現在的新式劇場裏當然是毫不成問題，不過在十年前，在中國內地那種環境之下在舊戲班的後臺，實在不容易辦到。即就吐痰一事而言，你剛說不許吐，回頭一看，已經滿地是痰。還有一個人，他伸著大指頭對我說：「我甚麼都改得了，就只有吐痰改不了。慢說是這樣的地板，就是像某某家裏那種厚絨地毯，我也就是這樣咳兒——孛兒。」說著一口痰已經順著他的表情落在地上。我當時氣了，也就喚起了一個決心。我說：「這吐痰是極小的事，要是連這一點兒小事都改不了，可見我們的下流根性太深了。如果我們的重要演員不肯改他的下流脾氣一定要破壞大家遵守的規則，我們甯願犧牲這個演員。他為他自己的下流脾氣被犧牲，是他的恥辱，能完全除掉這種下流脾氣才是我們這團體的光榮。」我對他硬來，始終他也軟了。還有門簾裏伸頭出去看的習慣，也很費了許多的事。有一回前臺經理掀開門簾朝外看，我當時照後臺的規則罰了他，從此以後一切都漸漸的就緒了。

我當時的主張就是理直氣壯不畏強禦的硬幹。不行的演員，無論是誰薦的，不能進來；要革除的演員，無論是誰的講情，決不和他通融；這樣一來，前臺經理大省其事，演戲的精神一天一天好，生意也有蒸蒸日上之勢，不過暗中攻擊我的人一天一天多起來。幸喜我樣樣公開，絲毫弊端沒有，所以他們也拿我無法。然而俟隙而動的鬼蜮計劃，也就潛伏著，時時若隱若現的使我感覺到。

加之我初到南通，我本來就很忙，除卻演戲編戲教學生而外，還辦了個小小的日報，常常要作文章，所以我就登了個廣告不赴宴會。誰想這個也引起了社會一般的反感？第一個就是鎮守使署的人，他們說我擺架子，這本來是笑話，不赴宴會算甚麼擺架子呢？然而除了在戲臺上總見不到我的面，有人來訪我，不是遇著我在看書，就是遇著我在寫原稿，更發生不少的誤會。（不過在我自己始終不知誤會之所由來，大約這也是中國社會的通病罷。）結果幾個月之後的主張完全被打破了，事實上竟沒有法子拒絕宴會。無論那裏凡屬新到一個戲子，大家除看戲之外，都總想見他的本人，或者請吃一頓飯談談，人家以為是好意，不到他們就要生氣。尤其是那些自充好老的闊人，以為連個戲子都請不動，未免失了體面。這種情形就現在還是一樣。可是一個在藝術上努力的人，要和許多不相干的人去應酬，真是大損失加之中國人請客從來不依時刻，這種損失，更是說不出。幸喜南通當時的宴會很能按時，這也是模範縣足資模範的一事。

更俗劇場論管理可以算是不錯，論戲卻沒有甚麼進步。所演的戲太俗惡的雖然沒有，好的也數不出。南通的紳士們頗提倡崑曲，不過要賣錢還是要靠新排的二黃戲。我當然排過不少的戲，但我對於自己所排的戲，從來沒滿意過，所以從來沒有留稿，現在更不願意再去提起；至於當日賣錢不賣錢那是另一個問題。

我在更俗劇場也曾編過好幾齣話劇，可是到如今連戲單都沒有留存一張。我所作的詩文，從來都是隨作隨棄，劇本也是一樣，還有要趕戲的時候，寫整個劇本來不及，便由我口裏說，演員們各人分記，叫作單片，這種單片，演過之後，我也沒有功夫去收集，略一因循，便不由得漸漸散失了。

更俗劇場開幕的第一天，張四先生親到升旗，這總算是很隆重。那天晚上，演的是我所編的五幕悲喜劇。因為開幕的頭一天，所以戲名總要取得吉利些，這個戲的名字就叫《玉潤珠圓》。這一類的名字，現在一看，可以說不像個戲名，就是以戲的內容而論，也覺得這個名字不恰切。這個戲是寫一個男學生一個女學生相愛，同時有個洋行買辦千方百計要娶這個女子。他一方面賄買女子的父母，使他們賣女兒，一方面他又誣賴那男學生是亂黨。在那青年學生被迫不能不逃走的時候，一對情人慘痛的分別。男的改了名字，加入一個探險團；女的也逃出家去，在武昌一個小學校裏當教員，過了好多年，把她這個學校整理得特別好，深得學生的愛護，成績也異常的顯著。男的在探險團裏，同伴大半都死了，最後他在生物學上得到很大的發現。回國的時候，到武昌去演講，在演講席上遇見了從前的愛人。那時候那個買辦已經被人暗殺了。有知道他們的歷史的，便都出來希望他們能夠在武昌結婚，可是他們不同意。他們以為只要相愛，不必結婚。從此那個男的便和那女的專心致志辦那個小學校。他們在末一幕收幕的時候說：「我們何必結婚呢？我們的生命是愛不是結婚。我們的事業就是我們的兒女。如今老年人過去了，中年人也不久就要變老年人的，我們的希望，國家的希望；都在這些小學生身上！」

這個戲在舞臺開幕的頭一天演，我當時以為很不錯，結果除男女分別那一場，有人拍了兩下手掌之外，觀眾沒有絲毫的表示。以後我很想聽聽人家對於這個戲的批評，但是無論見著誰的面都是一字不提，簡直好像是有組織的冷淡。這齣戲從此也就沒有演過第二次。過了一向，聽說鎮守使對張孝若說，這齣戲裏男女分別的那一場也和《賣胭脂》差不多。這種話我聽了絲毫不生氣，不過笑笑罷了。聽說以後他對於我們的《文明新戲》都是這一類的批評，那自然不管他，鎮守使終不失其為鎮守使也。

我以後又編過一齣叫《長夜》，一齣叫《哀鴻淚》，一齣叫《和平的血》，還有些記不起了。《長夜》是以天災後又遭兵災的災民為經，織入軍閥的內戰編成的三幕劇。其中最活動的是奔走游說的政客，和中飽營私的賑務委員。他們除了中飽，除了吞蝕賑款而外，還把賑款私下讓軍閥提去充餉，不管災民的苦痛。不，災民越苦，他們越得法。就是那些政客們，當他們奔走營私的時候，何嘗不是拉著民眾作背景？這齣戲對當時的政客和辦賑的紳士頗下一點攻擊，重重的黑幕由幾個趁火打劫的外國人和兩個哨兵的口裏說出來。這個戲在當時演的是悲劇的收場。兩個哨兵正在談話的時候，忽然聽得遠遠有大眾悲苦之聲，哨兵說：「這是那些災民在那裏哭呢！」接著又聽見槍炮聲響，哨兵甲說：「戒備！那邊有了接觸。我們為甚麼？我們怎麼樣？」哨兵乙說：「我們何必問。我們為的是搶口飯吃，生死碰命罷。」哨兵甲說：「我們替大帥抬銀子，槓子都抬斷了好幾根，到而今還是要拿性命去換飯吃呵！」兩個哨兵正在說著，忽然一個官長出來，用鎗指著那哨兵，問他：「你說甚麼？」遠遠災民的哭聲，和槍炮的響聲同時增大，閉幕。

這個戲演後也沒有批評，只有孝若對我說：「你那個戲也對，也有很多不對罷？」大約他看出那個戲對於當時的政事有所影射，所以那樣說罷？

諸如此類的戲，我隨編隨演，也有好些，可是絲毫痕跡沒有留存。當時每天要換戲，所以劇本都不甚完全。現在有人以編得快演得快自詡，以臨時編臨時演，上臺不用劇本為天才；我們那個時候卻真不在乎，晚上想一想第二天就有一個大致的劇本，馬上排，馬上演，演起來還包管舞臺效果不錯。大膽老面皮，在廣告上還要糊裏糊塗莫名其妙的鼓吹一氣呢。

南通自從更俗劇場開幕後，所有國內的好角色可以說都去過，梅蘭芳、余叔岩、王鳳卿、楊小樓、郝壽臣、羅小寶、王蕙芳、程豔秋、王長林等等都到過劇場還沒有竣工，張四先生已經有信約畹華。我對於此舉不甚以為然：一來，就戲館的生意論，南通地方小，大角色偶然一來費用多，而收入有限，等到大角色演完了，以後的生意不好做；就學校的學生而論，我不願他們把畹華的戲劇當最高的標準。但是那個時候，只要玩得熱鬧甚麼都不管，自從畹華來過以後，北平的角色都陸續在更俗劇場登臺了，真可謂極一時之盛。

畹華到南通，季直在郊外造一所牌樓迎接他，名曰「候亭」；又起了一個閣，把我也拉進去配饗，這個閣就名之曰「梅歐閣」，我對於這件事曾經反對過好幾次，而且寫過信，要求除去我的名字，但是他們始終還是那樣辦了，他們又拿我的詩解了好幾句登在《梅歐閣集》裏，又讓方唯一替畹華作兩首詩印在裏面，一時稱為韻事。我心裏難過，口裏當然就要說，於是大家都怪我為偏窄，如今想起來，我還是太隨和。

袁寒雲也在更俗劇場演過三天。他說是和張季直請安，其實帶著他那新討的姨太太到南通逛逛，就便過過癮罷了。他那時崑曲已經唱得不錯。我和他唱過《小宴驚變》、《遊園驚夢》等類的戲，恰好那時候名丑克秀山在南通，他和克秀山學過戲，他就便溫習溫習，又唱了《三字經》之類的丑角戲。

他演戲最困難的就是鴉片烟癮老過不足，劇場的時間不是似請客一樣可以隨意遲到的，可是他儘管催請五、六次還不會下樓。天影帶著管事的坐在他樓下拱候，時時問他的跟隨：「二爺怎麼了？」那跟隨的回答是「二爺剛起呢」；「二爺正在擦臉呢」；「喝著茶呢」；「抽烟呢」。一會兒看見他自己帶的厨子端菜上樓以為有希望了，誰知一吃完飯又要二十幾口起碼。

劇場的時間已經緊迫了。我們都化好妝等著他，大家皇皇然看看戲要脫節了，不得已破從來未有之例加演一齣不相干的戲。——在北平凡屬大角色不來便加演一齣謂之「墊戲」，是最壞的風氣。從前譚鑫培因為是內廷供奉，所以架子格外大，伺候他登臺是一件很煩難的事。寒雲是佩皇二子印的，（他有個圖章文曰「皇二子」鐫刻甚精）當然比內廷供奉的更高幾級，而薛秉初先生當太子登岸，上戲館，都派有幾條鎗排隊跟隨，使太子之威儀保持無替，這也是可紀念的一事。

寒雲有一個無論誰都學不到的本事，他能一連七天不下床。誰去訪他，生的當然不見，熟的他從不拘形跡儘管可以在床前臥而相見。他睡外床，他的姨太太睡裏床，兩個老媽子替他燒烟，兩個替姨太太燒烟。飯來了在床上吃，吃完飯過了癮他精神來了，提起筆來寫詩文。非但是小品，對聯匾額都可以在床上寫，而且行款決不會歪，很足以顯他的本事。

他是個頹廢的貴公子，風流自賞；其實他很平易近人，並沒有一些架子。前幾年他很想自己振作一下，居然把那樣的鴉片烟癮戒斷了，這真是很難得，雖說是環境逼著他。民國有許多人物不能戒烟的還多著呢！有人說寒雲有政治作用，或者有也未可知；即使有，也不過是秀才造反，倒不如唱兩支崑曲，填幾首小詞還靠得住些罷。

秉初招待寒雲本想是借太子之名號召一下，在寒雲卻不過隨意消遣，兩者的意思不同，當然結果不會怎麼好，寒雲也從那次以後沒有到過南通。他回到上海有一段遊南通的紀事，對我頗有微詞，這個我當然毫不在意，不過以後我逐漸又發現了諸如此類許多有趣的事情：

更俗劇場的後臺離前臺太近，所以不宜高聲說話，——本來在後臺不可高聲說話，我當然厲行這個規則，因此有人——重要的職員，就借此去煽動新來的許多武行。因為武行比較腦筋簡單，所以從武行入手。他們對武行說：「到了這個後臺，武行不准說話，因為歐陽先生，最恨的是武行。」因此武行對我不免發生反感。

那時候真刀真鎗頗能叫座，但往往弄出危險來。有的劈傷了頭，有的戳傷了眼，有的一鎗過來刺穿面肉傷折了牙齒；我於是勸他們不要打真刀真鎗。真刀真鎗並不能算戲，可是因為流行就有專靠真刀真鎗出風頭的角色，不叫他們打，好像是湮沒了他們的本事，大不高興，有人又對他們說「歐陽要絕你們武行的生路了！」

這樣一來許多武行對我發生很大的誤會，他們當然說不出甚麼，可是總有一天要等著機會爆發。只因為每月的薪水能夠照發，他們也就無話可說，外面總是相安無事。不久便有蓋叫天在後臺罵人的事。

蓋叫天本不是打真刀真鎗的，可是因為何月山拿真刀真鎗出了風頭，他也就當仁不讓。他到南通不過是短局，而他的好戲如《乾坤圈》、《三岔口》之類已經是夠唱了。誰知人家會對他冷言冷語說：「張老闆，你的真刀真鎗可惜不能在這裏露一露！」他說「怎麼不能露？」於是就有人對他說某某絕武行的飯碗的話，他聽了登時大怒，一定要演《鐵公雞》打真刀真鎗。秉初、天影順水推船，說是紳商煩演，下不為例。又弄許多人寫信給我，要我通融，一方面又有人去煽動蓋叫天，他本是個直性子頭腦簡單的人就在後臺大跳。以後我走去問他，說他一氣，他完全明白了，翻過來他便罵天影這種事我看得清楚，決不怪蓋叫天，因為他也是上當的。

我辦伶工學社，養成演員的方法當然和一般人的見解相反，因我對於演員學生所抱希望不同。換句話說，就是：我所要養成的演員，不是他們所要養成的。

伶工學社正在進行著，同時有一個「演員養成所」出現。這個事情發生在十兄弟拜把以後。十兄弟的大哥是天影，強有力的就是秉初的心腹人黃某。其餘我的打鼓的，拉胡琴的，還有配戲的花旦如趙珊桐（即芙蓉草）、潘海秋等幾個人，都在一盟之內。在戲班子裏拜把是很平常的事，並不必十分深交，一說就可以拜把。拜把的手續也很簡單，只要擇個日子點一炷香，大家把年庚八字寫出來排列一下，磕個頭就哥哥兄弟叫起來。在從前江湖上，這種結合是頗有力量的，有時候真顯得出義氣，可是久而久之隨便拜把的太多，便不免變成具文。戲班裏有句話「把兄弟，狗臭屁。」這就是說易結易散，沒有道理。

這回他們這十兄弟在結合之初，也不過和普通一樣，可是他們特為此事到琅山廟裏去發誓燒香，儀式聽說比平常格外隆重；因為這樣，一到磕頭之後，這個結合便立時發生作用。

首先由秉初、天影發起辦「演員養成所」，秉初拿出大部分的錢，天影也措出多少，養成所由天影主任。招生章程是他們請吳我尊先生起的草。黃某特到上海招了許多略為學過些戲的小孩，立刻辦起來。後臺許多人都是教習，在十兄弟中的人，那當然是義務教授，非但如此，其中比較景況好點的人還捐多少薪俸呢！

在他們開辦的時候，我尊把他們的內容又來告訴我。我本有所聞，至此完全明瞭。據說這件事得了四先生的同意，大約四先生不見得知道，孝若是知道的。我問孝若，孝若不置可否，他只用說笑話的語調對我說：「他們簡直要跟你比賽了，哈哈哈！」

有一天在張家遇見秉初，我就當面問四先生是否知道他們的新組織，他說完全不知道。我又問是否兩個性質不同的組織可以並存，他說：「無並存之必要。」我又問：「然則取銷那一個？」他便回過頭去問秉初到底是甚麼回事。秉初說：「不過天影自己帶幾個徒弟罷了。」我便說：「天影私人有多大力量，怎麼能夠有招生章程，一氣帶三十幾個徒弟？總另外有人做他的後援者罷？」於是四先生要秉初傳話給天影，叫他立刻解散。

天影心上當然不舒服，他想帶著全班重要角色，加入上海某某兩個舞臺，使南通劇場解體，可是秉初不願意這樣作，上海的兩家舞臺也寫信來加以辨正，以後就沒有話了。

我才到南通，先祖母就去世了。我送了靈柩回湖南，喪事辦完了，經過漢口，被大舞臺留住演了三天。那時正是王慧芳、郭仲衡兩位在那裏主持，他們硬留我，還有許多熟朋友幫著拉攏，我就答應了。我甚麼都沒帶，所有的行頭等等都是用慧芳的，又煩了兩個綢緞店在兩天晚上趕起了四套古裝。戲演成了，生意特別的好，因此我回到南通不久，又和慧芳對調，我到漢口，他到南通。從此以後，我又連到過漢口兩次。跟我到漢口的人，薪水都比平日增加許多，有的一倍以上，有的還不止，因為這樣，人心也賴以維繫，而十兄弟不久也就鬧起架來，其中有一個人私下對我說了許多祕密，我當然置之不問，因為我知道至多不過將團體解散，像那種團體，解散與不解散，都沒有甚麼關係。他們以為我是非借南通圖個人的長包銀不可，不知我從來對於這層就很淡。

我在中國各埠演劇，最受歡迎的要算是在漢口。漢口觀眾對我那種狂熱，真是出乎意料，儘管大風雪天，電線都斷了，戲館裏還是滿堂。許多大名角都不能演在我的後頭。只是我很慚愧，我的戲真還不夠，在我自己，只不過以為偶然罷了。

南通劇場每年只演八個月戲或者九個月戲。冬天大抵沒人看戲，所以只好停鑼，這種餘空的工夫，便有人來約我們到他埠去演。我到南通的第二年冬天，恰好余叔岩到南通演完了戲，約著一齊到漢口，到了漢口，叔岩忽然在開幕的時候，跑回北京去了。他這是故意讓我打一個頭陣，他來接上格外顯得他行一點。這種心理，不止他有，可是像他這樣硬幹的，我可也是頭一次見過。他是個著名會出花樣的，他登臺幾天之後就病了。忽然這樣，忽然那樣，花樣非常之多；結果弄得不歡而散。這一次天影他們本想在漢口獨立的，一來是秉初不贊成，他不主張放棄南通；二來漢口方面出錢的人，第一個條件就是指明要我；他們獨立不成還是回到了南通。

古語說：「水至清則無魚，人至察則無徒。」又說：「不癡不聾，不作阿姑阿翁」，看起來自古迄今，中國的處世哲學，就是馬虎為主。戲館本來是弊端最多的地方，可是一有弊端便不能長久支持。前臺賣票弄弊的方法最多，後管臺事的對於角色身上的剝削，和在薪水上，以少報多的種種，都是很普通的。我本不是個精明人，但是在戲館裏混過相當的時候，也就樣樣都有些明白，所以一開幕我就注重在杜弊，這當然是違反從來的處世哲學，而且斷了某一類人的財路也未可知。所以臨我要離開南通的時候，有一個人老實不客氣對我說：「像你這樣，必至於眾叛親離。人家跟著你誰不想幾個外水？」這個話當然有幾分關係，不過人家反對我還有好些個理由。

我主張劇場歸伶工學社運用，以鞏固伶工學社；秉初主張伶工學社附屬於更俗劇場。

我主張逐漸由伶工學生主持更俗劇場，寧賣少點錢，只要能夠敷衍開銷就行了；而秉初卻主張多請角色多賣錢，伶工學生只能受雇。

就以上兩點，就可知道伶工學社和更俗劇場成了個對立的形勢。我的主張沒有變更，秉初也決不肯讓步，再加上些旁人的副作用，於是漸趨於破裂。

關於更俗劇場的事，我不願再多談。就是伶工學社的內部也發生變化。有人看見學生漸漸養成，可以唱戲了，以為這個事情異常簡單，趁此時期接了過去可以圖利，於是便與劇場方面的反對我的人聯合，向我進攻。

第一，說我不該將國文鐘點加多，其次就反對我教學生西洋的唱歌和跳舞，說是白費時間。還有一件事是人人反對的，就是我組織了一個西洋管絃樂隊。當時對於這件事加以非笑的很多。戲館裏的人，學社裏教戲的先生，以至於平時的一班朋友，都拿來當笑話講。「這班學生，若是學軍樂隊，還可以去送送大出喪，你看那種大大小小的外國胡琴有甚麼用處？討飯都不能當碗使。」這種樣子的譏笑很普通，但是我決計不理。

當時我們的學生每人會唱的崑曲平均有二十幾齣，皮黃戲平均三十幾齣。四部合唱大家都唱得很好。鋼琴也有相當的練習。跳舞呢，基本步伐都學會了。至於樂隊，我們是用十五個人組織的，有四個Violin，一個Viola，一個Cello，一個Bass，還有一個鋼琴，其餘都是吹樂器。他們學了三年，雖然不能演奏正式的交響樂，短短的曲子，也還過得去。

因為南通難得教習，我就送了這一隊人到上海，一切由熱心音樂的陸露沙兄主持，租一所房子給他們住著，沒有錢我自己貼。人家見我如此，以為我是迷信西洋，深為不平。及至他們會了十幾支曲子，我便接他們回來開個演奏會，又編了個兒童戲「快樂的兒童」，試演過一、兩次。

演奏會可以說是失敗了，——當然不會得到半分同情的，然而我是那樣幹了。不過音樂學生和演戲的學生中間發生了一種隔閡：演劇學生因受了教戲先生的陶融，又受環境的支配，以為音樂隊的學生是沒有用的，便看不起他們；音樂學生在上海多少也染了些虛囂之氣，看不起演劇的學生，以為他們的西樂比唱戲來得高尚些，新些。並且教職員本來就不贊成他們，又看見他們那樣趾高氣揚格外起了反感，於是就有合謀取銷音樂班的意思。有一次，孝若請客，要學生去奏樂，聽說學生不高興，有失禮的地方，他們小孩不懂事，便貽人以口實也是不免的。

伶工學社辦到第三年，經費漸漸不繼，事實上非將更俗劇場極力整頓，把全部收入都歸伶工學社不可。過了上半年，我就有意帶著學生到別處去謀生活，恰好漢口來聘，我便答應了。最重要的條件，就是要維持伶社的開銷，當時有我的好朋友反對此舉，他說漢口這個碼頭，為我個人計要好好的留著，千萬不可和人家打長的合同。這個話很對，但是我專只想到替伶社設法，沒有計到自己的利害，竟自帶著一班學生到漢口去了。

此次到漢口生意不大好。但是伶社本年的用費總算維持住了。這一回天影盛意居奇，數年相共，從此就分了手。漢口半年期滿已到嚴冬，其時馬連良、楊瑞亭都被聘到漢口，前臺的人要我在漢口蟬聯下去，和楊瑞亭合作，組織後臺，我覺得沒有意思，便帶了一幫人回南通度歲。

漢口的前臺，因為不容易組織班底，又想在第二年正月多少作些生意，所以用種種法子留我，我不肯，他們甚至於想用一種江湖上的暴力來逼我。我為顧全面子起見，臨行自願盡義務多演十幾天。又全體多演五天，其中一天說明是為籌旅費。我怕他們賴我們的旅費，所以鄭重聲明，誰知這樣臨了還是只替我和伶工學生買了船票，其餘全班的人都沒有人管。到了船將近要開的時候，我只得帶著一班唱戲的把前臺經理請到船上問他要船票。那回有朋友幫忙，所以辦得很順利。不然少數人，到很容易設法，全班總共百多人，又帶著公家的行頭、佈景，以及私人的行李等二、三百件，只要鬧點亂子，真是難於應付。漢口這個碼頭的朋友們待我真算不錯。大家安安穩穩的回到南通沒有一個人受委曲，一件東西不少，這的確有賴乎朋友之力。

我臨從南給到漢口的時候，本來約定更俗劇場在下半年停演幾個月，等我們回去接著再演不想秉初早已和很糟的一個女戲班訂了約，我們回去，舞臺被人家佔住，伶生去演戲，還要和毛兒戲去商量。這件事我心裏無論如何忍不下。還有就是音樂隊被解散了。經費既沒有著落，劇場又不能應用，我自己也窮得不成樣子，總計三年之中，墊出去的錢不下七、八千元，再沒有力量繼續，我只有決計離開南通。

本來自我到南通以後，環境一天逼緊一天，我早就有去志，一來以為學生多少有希望，二來因為我的家實在也無從安置，就也忍耐下去了。後來弄到忍無可忍，而我所視為雞肋者，方有人耽耽旁伺；加之有些因為薦角色不能如願的人，寫信攻擊我，說我是亂黨；這些雖然不發生效力，及至我帶學生到漢口，加聘了梁紹文兄主持教務，紹文本是國民黨員，教職員中藉此而加以攻擊也在所不免，因此而那些說話的便增加了力量。

在那個時候我也早有預備張敬堯滾出了湖南，我便把家眷一部分送了回去，所以很輕快地離開了南通。這只算是一個亂七八糟的夢罷。

不久我還回到南通去過一次，只見劇場的大門也破了。伶社生中除少數尚能自愛外，抽烟聚賭墮落的事不一而足。這也只好付之一嘆罷了！

我住南通三年，雖然在自己一無所得，對社會對藝術也沒有甚麼貢獻，可是為事業心所支配，也就經過不少的起伏。我若是能把自己的主張藏匿起來，只朝做名角的路上走，那我便錢也有了，房子也有了。

那時候我也曾想設法去多弄幾個錢，設法把伶工學社獨立；或者便棄了演劇班，始終去維持音樂隊；但是我除了演劇以外也沒有法子弄錢，所以不得不從搭班子去設法。這個弱點被同伴的所發覺，我所受的痛苦也就更大。

我在南通三年，演劇始終沒有加過薪水，而且伶工學社主任的薪水從來沒有拿過，可是每到他埠，月薪從三千元到七千元不等也曾賺過，而結果絲毫無餘，還弄到欠債。一來月薪的數目雖不能算小，卻不是月月如常的，偶然出一次門，好像作土匪打起發一樣擄一票，有時得失不能相償。既然當了幾千元的角色，便要有相當的排場，正好比賣化妝品，裝潢和廣告比實質的費用還要大得多。而且排場一經放大急切難於收小，而無謂的凌遊酬應，只有日見其多。例如在漢口在湖南，住在旅館裏自己佔兩間房，有時另開三間房子待客，紙烟平均每天總抽去三、四罐，其他可以類推。我是素來不喜歡酬應的人，然而也沒有法子。自己雖不去招惹，卻也萬萬不能拒絕不是？最可笑的，空架子越大，社會上越能認識你。從來罵我的老先生也就會對人說：「予倩是我的學生」；或者：「予倩我與他有世交」。不過我生平從來沒有在任何人面前遞過門生帖子，有人在文字裏或是書簡中稱呼甚麼歐陽生之類，那也不過是他一廂情願罷了。

南通為一時的模範縣，有好幾個工廠，好幾條馬路，好些的學校，參觀的人連翩不斷的來來往往很多。張四先生雖然在政治舞臺上沒有具體的活動，他始終成為中心人物，而在資產社會尤其負有聲望，所以奔走於門下的大有應接不暇之勢。更俗劇場、伶工學社，無論其創設的精神如何，久而久之事實上成了模範縣的裝飾品，因此光顧到我的朋友也就特別的多，我也就沒有法子不打腫臉裝胖子。我對於這類的生活覺得十分厭倦，但是一時沒有法子自拔。

一個在舞臺上活動的人不想作名角，這是欺人之語。我呢，除了充名角而外還多少對戲劇界抱了些志願，有這兩重的負擔，我的力量——才力金錢——便來不及，也是有的。我在南通，正是文明戲根本失敗，古裝新戲全盛，而新劇運動方始萌芽的時候；我在舞臺上雖有微名，而在藝術界實在是個孤立無援者，幾個思想落後的朋友，絲毫不能給與以幫助，而環境的壓迫只令人感到一己之脆弱，惟有抱著無窮的煩悶，浮沉人海而已。

我離開南通那年，北平人藝劇專已經成立。上海也有汪仲賢在新舞臺演《華倫夫人的職業》的嘗試；結果是失敗了。我和仲賢在中華書局出版辦了一個雜誌，叫《戲劇月刊》，銷數不好，不久也便停刊了。

和伶工學社性質相似的，有陝西的易俗社。我帶學生到漢口演戲的時候，他們也正在漢口，生意雖也還過得去，終究不夠開銷，困苦萬狀。我們因為志願相似境遇相同的原故，彼此深為接近。他們那時已經能夠全靠學生支持，我們的學生便還不夠，在漢口的時候，還是以我個人充臺柱來維持局面的。我很佩服易俗社辦事的精神，有一篇文字作一介紹，載於《予倩論劇》中，茲不贅述。

離開南通以後

我在漢口有許多朋友都幫我解過些人事上的糾紛，我覺得江湖上還是有些照應；不過有幾位闊人的情我實在沒有法子領：有一回有一個當店的老闆託人介紹說是只要我正式去拜訪他，他便可以借些錢給我隨便幾時還；還有便是一位大人要約我吃晚飯，我去了等了很久不見開飯，而有許多人在那裏賭錢，我不高興便要走，主人留住，結果有人對我說明，說他們賭錢，便是為我，主人想和我訂交，所以約些朋友要抽幾千元頭給我。當時氣得我甚麼似的，我說了幾句對不起他們的話就跑了。此舉有人不以為然，但是我不能拿人格去換包廂裏的看客。

我離了南通，便搭了亦舞臺，又和余叔岩混了一個月，和馬連良混了兩個月。我那時也有我的打算：總想是搭班子弄幾個錢，到外國去再讀兩年書，關於戲劇便專從文字上做工夫，我雖是這樣想，結果還是一場幻夢。

我在亦舞臺三個月的收入只夠抵我以前的虧空。三個月滿期前臺要和我訂長期合同，我有種種的念頭不甚願意。我的同伴們聯合向我要加薪，而亦舞臺便要求我減薪；要求加薪的並沒有理由，他們只說是別處錢多，他們要走，我一算他們所要求加薪的數目比亦舞臺要求減少的數目大一倍，而且還附帶許多條件，堅持不下。我沒有辦法，只好辭班。誰知我一辭班，他們又來求我轉圜，我信已經發出了，不能自己收回，於是他們又要求我作書致亦舞臺，推薦他們繼續。我照他們的意思辦了，亦舞臺也答應了，但是前臺看穿了他們的弱點，一個一個把他們的薪水減削三分之一，他們也就很忍耐地幹了下去。這種情形頗令我難過，於是把幾年來的伴侶一齊解散了。其中有好幾位因為在南通幾年，接連加薪，生活安定，他們便縱情在烟賭裏面，越來越沒有辦法，一到上海格外添了開銷，所以只有逼我。還有一個人，他假裝為債主所逼不能上臺，居然臨場不到，藉故借錢，在這種情形之下，當然沒法兒合作的了。

從亦舞臺辭了出來，舊人盡散，我對於搭班事絲毫未去進行，每日只是讀書作字，唱崑腔罷了。這個時候，因袁安圃君認識好幾個唱崑曲的朋友，時相往來，並常與寒雲相見。但是我手中不名一錢，典借道窮，竟沒有法子繼續這種名士風流的生活。韻秋從正月重病，幾至夏初方癒，她竟省錢不肯繼續服藥。我有三個妹妹，大的第二的都因遇人不淑，早年夭折，只有第三個妹妹嫁了唐君有壬。夫婦甚好，但是三妹出閣，我正是沒有辦法的時候，他們婚後從長沙到上海，我竟連請一飯的錢都沒有。恰好杭州來約我去演幾天，我不管三七廿一就跑去了。那裏除我而外其他的重要角色一個都沒有；戲當然演不好，生意也不佳，我胡亂演完幾天急急回到上海。以後又到南京下關去混了五、六日，南京只有女戲子還行，我去生意不甚壞，但也從來沒賣過一天滿座。上海報上都登著我在杭州南京連日滿座，備受歡迎，一再經各界挽留等等廣告式的記事，這一定是在報館裏的熟朋友替我鼓吹的。

從南京回來，因仲賢的介紹認識了戲劇協社一班朋友。有一晚應雲衛，谷劍塵諸君，請仲賢去替他們化妝，仲賢恰好有戲，來不及，便介紹我去替他；以後我也當了社員。

我從南通回到上海，因梁紹文君的介紹，認識了田漢君。恰好洪深君回國，我到笑舞臺去看他演《趙閻王》，便認識了他，不久又介紹他進了戲劇協社。自從導演過《少奶奶的扇子》，他在上海新劇界便成了活躍的人物。

我從南京回上海，正是夏天，便那裏都沒有去，不久又以薛瑤老的介紹再進新舞臺，這是民國十二年秋天的事。

這次在新舞臺，幹了一年半，從十二年秋天到十三年秋間一年之中總算胡亂混過。新舞臺那時候的組織仍然是和我上屆在那裏一樣，由幾個中心角色作股東與前臺合作。我當然也是股東之一，月薪照生意的好壞時有成數的增減。本來新舞臺雖然暮氣日深，變化太少，生意也還穩當。可是在民國十二、三年時時有戰事，一來就戒嚴，受的影響實在不小。到了十三年的冬天，齊盧之戰爆發，越見沒有辦法。有一晚正好容易排了一本新戲要想略蘇困涸，居然大賣滿堂；不料臨時戒嚴，把二千餘觀眾，全數不放出城，從此我們的生機斷了。夏月珊又恰在這個時候死去，後臺負責無人，只好由仲賢、君玉、鳳文和我幾個人暫行維持現狀。本想從速停演，雖知警察廳不准，說是要借戲園維持人心。好容易我們才從九畝地遷移到六馬路，亦舞臺演了一個半月，我們這班當老闆的除了幾個月薪水絲毫沒有之外，還要貼出許多錢去，我真是弄得一籌莫展。

在將近過年的時候，香港有人來聘，——這是第三次——我不願意。那時國民政府正與香港絕交，我決計不到香港。而且我就是到香港也決沒有好結果的。

劉漢臣弟兄，我和他們同在新舞臺相交頗厚。漢臣的岳父劉鳳祥，在大連起班，要約漢臣和我去。漢臣的哥漢森和我研究，我也就答應了。回電打去，從大連就有人來接了。見面之下，答應先付一個月錢，當時交了半個月錢作為定洋。我接了定洋預備動身，便去贖些當，還要留下幾個錢作家中過年的用費，而新舞臺方面還要催繳賠賬。可是定錢用完了，其餘的錢老不送來，那接的人忽然來說大連沒有錢寄來，只好請先動身，等到了那邊，再行付清，我深知不妥，當然有許多的爭論。我想不去了，但不去也沒有辦法：一則是劉氏兄弟的面子；二來我若不去必然要立刻把半個月錢退還，雖然不過千把塊錢我連二百元都還不出，還講甚麼？好，去罷！我便上船走了，臨走的時節母親病著，韻秋也病了又生凍瘡很厲害。我在船上倒也有些旅行的趣味，過青島有個日本朋友約去全市遊了一圈，甚為爽快。

到大連鳳祥在碼頭迎候，登岸見馬路及一切建築都很整潔，也不覺得甚冷。第一件事就是鳳祥約去洗澡，第一個不好的印象也就是這件事。浴室不潔，並不要緊，我們儘可自己洗盆，可是手巾不潔，實在沒有法子。尤其可怪的就是浴客都在客座中擦背：他們坐在椅子上，或是躺在擦背人的身上，擦背的使勁的替他們擦著，擦的姿式好像是打拳練武；擦下來的泥抖在地下，踩在腳上，覺得不甚舒服。這種擦背（北方人叫搓澡）我是第一次見過。

洗完澡就到戲館裏去，門口一望，除了新粘的紅紙而外，都是破陋不堪；一進門覺得髒不可言。許多賣零食的小孩子，滿佈在客座裏，地下到處是果皮破紙。上得樓去，被請坐在賬房裏，見了許多前臺的管事先生。人家都說大連是最厲害的碼頭，無論那個唱戲的到大連都要吃大虧回去。據說這前臺幾位先生，有軟有硬，軟的就是陪笑訴苦，硬的就是拳頭手鎗對付。我那天見了他們卻還看不出來甚麼特別難辦的情形，而且他們都很客氣。

賬房是兩個套間，我們在裏面屋裏坐。房中生著個火爐，太陽射在玻璃窗上，小坐也還不錯。只是肚子餓了，久等沒有飯吃，火爐上燉著一鍋牛肉，一線一線的香氣飄了過來，我想他們儘可不必請吃什麼下馬筵席，胡亂弄碗飯來，就著牛肉吃了就完事豈不好嗎？正想著的時候只聽得一聲開飯，劉祥鳳老闆走了進來。他說：「明天過新年，什麼都沒有買，對不起，改天再請罷。」我們當然客套幾句，立即跟著他到外間屋裏去入席，起初一個面前兩個飯碗大的又高又大的饅頭。回頭菜來了，就是那燉在爐子上的牛肉，連鍋端上來，並無第二樣。我是從來不問精粗美惡都能吃的，可是那牛肉之鹹，那饅頭之硬，又是生平所未見。我平時最愛吃麵食，這種純粹的山東風味卻被它降服了；無論如何我只吃完了一個饅頭。因為沒有湯只好用茶來往下咽。劉漢森吃一口，叫一句好，我也說好，因此不覺得想起家中正在吃團年飯，想起雪裏紅冬筍，江南風物，浮映在回憶之中來了。

吃過飯，排戲單，排好戲單便去看下處住的地方在連陞棧的三樓上，房子是新裱糊的，可是沒有床鋪，只用木板搭起一個大炕，一間小房只剩了一尺的空地，既無從放桌子，又不能擺椅子，我只得趕緊叫一個木匠來把大炕拆開搭成一個小床，勉強支起一張小桌子，也好看看書寫寫字。佈置妥貼又是吃飯時候。中飯剩下的牛肉還有半鍋，饅頭由蒸的變了烤的。我預先就弄好了一碗開水，很痛快很值價的又追下一個饅頭去。

當晚是陰曆新年，我因為第二天就要演戲，寫完幾行日記便鑽到被內去睡了。睡下之後不免計算到許多事情；隨手抽過一本王爾德的"A Woman of no Importance" 看了幾行看不下去，又拿過日記來翻了一翻，一陣也就睡著了。誰知一到半晚，外面忽然像崩山倒海一般響得異常，起初莫名奇妙，定神一聽才知道是鞭爆。大連當除夕和元宵那種爆竹之盛實在是可稱全國第一——時間久，放得又齊，一家放，千家同放。而且到了元宵那晚馬路兩邊的店鋪，對放爆竹，燒得滿街烟火，交通阻斷。我在除夕那晚被編爆驚醒，再也無從入夢，只有寒氣逼人的漫漫長夜，一燈相對，不覺得思家之念油然而生。好容易到了明天，推被而起，這才感到北方的寒威，實在令人生畏。同伴的人還沒有一個醒來。我等了很久，胡亂弄些水洗了臉，迎著好像刀子一般的風出門去走了一走，看見滿街都是過新年的景象。路旁小攤子上擺著都是瀏陽鞭爆。中國人的鋪子全關了門，可是日本人的店鋪，因為不過陰曆年還照樣開著。我想找一個地方去吃餐早飯，但是我身邊攏總只剩下兩塊錢，還要留著作零用呢，也就不敢嘗試。地方也太生不敢太走遠了，而且不知到那裏去好，只好一步一步踱回來。一進門掀開那又重又厚的門簾，便有很濃厚的大蒜味，好像拒絕生客似的，把人望外推。上了樓，進得房去，恰巧劉家的跟包已經在那裏生火，把煤烟弄得滿房。我生平最怕煤烟嗆人，一嗆嗓音就要發生變化，在航海之後，經過一夜的失眠，又這樣一嗆結果大受影響，我知道戲是唱不好的了。

新年那一天還是由老闆供給飯食，我們行裝甫卸，也實在無法自己舉火。那天早飯只有韭菜餃子一味，在我口腔發炎的時候，就有些喫不下去，想用口湯來送一送，也沒有，我還是回到棧房，用開水送饅頭覺得還舒服些。

剛把肚子填飽，鳳祥說要約我去會幾個朋友。第一個會的是朱君春山，他是大連最有勢力的一個人。他和大衙門（市政府）很通聲氣，日本人關於治中國人怎麼治，都要去請教他。他有很大的生意，就是近百家的妓館。管理妓館營業的有事務所，事務所裏分工辦事有宗備的商業組織。事務所裏的幹部人員，都是狐裘貂帽，很像從前北平各部的長官，在殷勤待客的時候，含著一種森嚴的態度。朱春山人家稱為朱三爺，他的勢力不僅限於大連，凡東三省一帶，到處有他的羽翼。他的生意也不止是妓館，還有各種各種的大宗買賣——鴉片、人口。日本人非常之倚重他，大衙門當然要給他許多便利。我還沒有見他，就有人對我談起，據說提起他的名字，可以令人不寒而慄，但是一見了他，是很客氣的一個老頭兒，比我們在上海所見的名人似乎又另外有種神氣。

除朱三爺之外，我還見了一位張三官，人稱張三爺，江湖上很有名氣。聽說日本人進大連他很有功，所以日本人還是器重他。他不像朱三爺那樣的數百萬大富翁，他一切都好像很隨便，但一見就知道性情很剛執。他不大說話，頭上還留著辮子，坐很久都沒見他笑過。他就住在戲園後面，但輕易不甚和人見面。除張三爺之外，我還見了一位拳術家，他在大連也開有一間鋪子。不過鋪子是副業，他的收入全靠放重利，借錢給妓館。他外表非常豪爽，一動就講打，坐下來就談他制服人的方法，吹他的毒氣。不過我頗歡喜他，因為他說話實在爽快。

以上這幾位都是劉鳳祥所稱為朋友的，我都見過了，他們都和這戲館間接直接有些關係，要是離了他們，這戲館一定開不成功。非但如此，日本人要在中國人中活動，絕對離不開他們。試看中國各處的租界，就只有這類朋友，最占勢力。就上海而論，有幾位豪傑，真是順之則昌，逆之則亡，在外國人庇蔭之下，實行其吸血主義，是何等痛心的事啊！

我那時見過他們一路走回戲館，吹著一陣陣的冷風，心思異常恍惚，好像酒醉作嘔一般。及至走到戲館，看見舊式的臺上，已經在那裏跳加官，跳財神，包廂裏坐的清一色全是娼妓。一個一個不是大紅衣深綠褲，就是大紅褲深綠衣。據說大連的習慣，正月初一日妓女全出來看戲，我很和他們表同情，以為她們只有這一天自由自在地出來看戲，我總要演得好些才是。誰知我的喉嚨發炎很厲害，竟至於只夠敷衍了事，一直過了三、四天以後才見好些。

大連那間戲園，本來簡陋之極，後臺尤其髒得很。在那樣冰天雪地的北方，只有一個小破臉盆燒幾塊炭，如何抵得住那種寒氣？然而也沒有法子補救。

大連的那些班底，都是可憐得很的人。他們攜家帶眷差不多流落一般。其中並不乏可用之才，但是因為負債以及種種關係離不開大連，這種情形不僅是大連，北方各埠，大致都差不多。北方各碼頭都不像上海那樣交通繁盛的商埠，伶人失業者也很多，所以只要能夠守住一個地方勉強有口飯吃，也就不事外求；越這樣退一步想，負累越重，而老闆對待他們的手段也就越發苛酷，如是他們便弄到永無翻身之日。就以大連而論，那些班底，都是很順從的樣兒。他們從來沒有論月拿過錢，只靠每天分現份，分的時候常是七折八扣，遇有不實不勻的地方。每有風雪往往停演，停演便沒有錢分。不過沒有錢分的日子，老闆要給米飯或是麵粉；無論如何，班子存在，總也餓不死的。老闆們利用著飢餓，便把團體維持住了。他們當中也有想離開甲埠到乙埠去的，但是很不容易——一則是窮了走不動；二來不得老闆的許可走不動，無論受了甚麼不好的待遇，要是祕密走開必然會受很大的危險；三來其他各埠也有同樣的一班苦朋友，不得些奧援，不容易入幫；有這許多的苦處，他們也只好低頭聽命。在大連那個地方，鴉片歸日政府公賣，日本本國人絕對禁止吸食鴉片，對中國人雖不是彰明較著的獎勵，卻也為著收入上用的方法和獎勵差不多。許多伶工染上了吸鴉片的嗜好，他們因為他埠沒有大連便利，便捨不得離開大連，這種人也不少。

我在大連登臺，一連七天，生意都不好，我便和漢森商量想設法退了錢回上海，他們再繼續給我錢的希望是早打消了的。鳳祥絕對不允我的要求，我一面作書四處借錢，等到有回信，轉眼已經又是兩個禮拜。

從我登臺一個星期以後，生意忽然好起來，也不知是甚麼緣故。大連市有人口十三萬，其中九萬是苦力，其餘四萬之中百分之九十是商人，智識份子不過佔最少數。老實說，我的戲多少偏於知識階級，不配大連市民普遍的味口。他們愛聽卍字不斷頭的長腔，愛看真刀真鎗，愛看不甚近情理誇張的情節，這幾層我都作不到。可是演過兩個星期以後劉漢森翻些新舞臺的連臺戲，如《濟公活佛》之類，我在當中唱唱聯彈，舞舞綢帶，登時連著就是幾個滿堂。後臺的苦朋友多分幾個份子錢，都欣欣然有喜色，說：「這個戲多排幾本罷，也好吃幾天飽飯！」我在這個時候，只有一味亂來，差不多每天都唱聯彈，舞綢帶。我的意思想胡亂敷衍幾天，好快些走，誰知對方既不讓我走，又不給我錢，只是間或送我十塊二十塊作零用，當然我明知沒法向對方要，也就只好不加追向。幸喜有朋友寄給我二百元，我急忙匯百元回家，不然我妻臥床重病，醫藥都沒有著落。餘下一百元我只有保存著作回南邊的盤川，明知我要走，他們不會給我路費的。

我在大連遇見的熟人只有一個孫君定臣，他是個票友，也會唱青衣，我跟他是在漢口認識的。他在海關辦事，每天公事完了，必定來和我作伴，情意殷拳，非常可感。除他之外，全是新交，日本人也有，中國人也有。中國人大抵都是在日本人的機關辦事的事務員，日本人便大抵都是與南滿鐵道會社有關係的。如滿蒙文化協會（如今改稱中日文化協會）的幹部，因為中溝新一氏來找我，就此輾轉介紹全認識了。還有個中日合組的（？）詩社叫嚶鳴社也來找我唱和些打油調；青年會來找我講演，因此人確認識不少，但其中有一個成了好朋友的，就是龍田長治氏。

龍田兄他是個經營修船工事的，他深喜讀書，精於新派日本畫。他在畫家石井柏亭氏及音樂家田邊尚雄氏的記載裏看見有關於我的話，他便拿一本舊書為贄來找我，我和他一見如故，彼此作了朋友，一直到今天還是和舊時一樣。前幾年他回了日本，遇著些失意的事，目下除畫畫之外，專門研究內典，前幾年我到神戶還和他見過一次。

文化協會，和青年會要求我在日本劇場演過一次戲，在大連明治大學同學會和早稻田同學會的人們都來送些花圈之類捧場，但是這回的演劇卻沒有甚麼意義。那時候有人想擠開劉鳳祥而承繼他的班子，因此停演一、二日，便由文化協會和青年會的發起，在日本劇場演了一夜。青年會的意思是想籌幾個錢，文化協會卻只想藉以與中國知識分子聯絡，各有各的用意不同；臨了文化協會擔任一切把這件事辦了，青年會頗為不快。這類所謂籌款的事，我幹得實在多，到一處演戲，總有人來要求籌款，有時籌得的款也相當的多，可是款子得到正當的用途固然有，被所謂名人支配得毫無下落的事也不一而足。有兩次在新舞臺為災賑籌款，一次在漢口替湖南水災籌款，結果全部飽了經手人的私囊。這回到大連，居然沒有演過所謂義務戲，這是特別的。

我演戲越演越不耐煩，劉鳳祥也不想在大連久戀，他便跑到哈爾濱、天津這兩個馬頭去打路。另外有一班人要想奪取鳳祥的班子，便極力來對付我，我是去志已決的人，當然無論怎麼說也不能再留。到那時候箱底那一百元已經用去了一半，還沒有走成功。我那回到北邊本想是趁機會到俄國去玩玩，滿以為前臺多少總要給我幾個錢，結果非但西伯利的鐵路沒有坐，還要借錢回上海。

當鳳祥外邊打路的時候，馮春航到了大連。他本是應了營口的聘，誰知營口的觀眾不歡喜看他，演了幾天，萬萬不能繼續，他便來到大連，演了幾天，把大連的報酬還了營口一部分的欠項。他一面派人到青島打路，青島說妥了他才離開大連。這回他到營口，帶了兩個同伴，一個唱彩旦的，一個是大花臉的。人家都說花旦搭班應當帶小生或是老生，他偏帶這樣兩個，覺得奇怪，不過他也是提攜舊時的窮朋友，並不為臺上的用處，搭班還只算是他一個人。

當他在大連演完了幾天等候青島來信的時候，那實在可慘：他住在戲園一間小屋子裏，既沒有窗戶，全不透光，開門又怕風，也只好關著。各人用個小鍋燒飯，煤烟迷漫滿屋，可是他那個強的性情，還是充分的表現著，他從來不和人多說話。

春航登臺的時候我到旅順去逛了兩天，住在東北大學漢文教授許覺園氏的家裏，備承他優渥的招待。晚上我一個人到博物館一帶散步，那雪已經鋪得很厚，路上行人除我之外再沒有第二個，除掉遠遠地偶然聽見日本哨兵馬蹄之聲，再沒有一些音響。我看那雪實在美麗，鋪得又平又勻，愛得我不忍去踏破它。在寂靜之中，吸著清冷的空氣，好像把在大連所受的塵囂惡濁，洗刷乾淨了。我聽其所之的亂跑了一陣，始終沒有見到一個人。我回到許家，圍爐講話，看他的畫，讀他的詩——他的兩位夫人，本是姊妹兩個，她們都會吟詩作畫，又精於烹飪，大家煮酒縱談，到夜深才睡，我真像是到了家了。

從旅順回到大連，我本來約定鳳祥再幫三天忙可以走了，不料前臺勉強送三百元來，要求再演八天，說從前我是幫鳳祥的忙，這幾個天是幫前臺的忙；我知道他們糾纏不清，決計不允。在這個時候，忽然接到一個從兄弟的信，要繳學費，家裏也催寄錢還債，沒有法子只好忍耐下來，又經許多朋友擔保演滿以後再不繼續，我便答應了。拿三百塊錢，寄了一百五十元替從兄弟繳學費，他是一個勤勉的大學生，我必得要極力幫助他；家中也寄了一百元，留下五十元自己用。卻不想忽然又出了別的問題。

鳳祥從哈爾濱回來，路過奉天，恰遇著張作霖生日，他便去包了一班堂會。這事是由湯玉麟作主，鳳祥承辦，當然鳳祥不會把大連的班子放空，於是大連一班人就變了湯玉麟孝敬張大帥的禮品。

鳳祥回來，非常高興，他以為他是勝利了，而且全班的人都有賞金的希望。在北邊的伶工與其靠搭班，不如靠堂會，堂會所得的份子，總比搭班多些，所以大家聽見堂會都歡喜。這也是因為私家養歌僮的習慣的遺留，有錢的老爺們，不必費事去養歌僮，他們可以把伶人叫到家裏開心取樂。他們不是不能到戲園子裏看戲，可是叫班子到家裏唱覺得格外自由些——想看甚麼戲就可以點甚麼戲；想讓誰和誰配演，就可以拉攏；各班的好角色可以薈萃一堂，賞心悅目，既可以聯絡各方面的感情，又可以表示自己的闊綽，真一舉而數善備焉。

在伶人方面呢，小角色只是跟著大角色走，他們都是倚靠著大角色吃飯，大角色便全靠堂會的照顧，所以中等角色以及小角色都只注重堂會。鳳祥這回接著了堂會，他是應當歡喜，全體角色沒有一個不歡喜，但是我生平最反對的是唱堂會。我反對堂會的理由，前面我也曾說過不必細談，而且這次鳳祥完全沒有取我的同意，我當然可以不理。在鳳祥以為他替我謀了生財之道總可以令我高興，他當然不是壞意，而在我便不能不堅持我的主張。這樣一來，鳳祥急了，作揖說好語，繼之以哀求，我始終沒有答應。然而我要是不答應，這回的事便不成功，劉鳳祥當然難以下臺，後臺大眾，以為我要阻他們的財源，大家都聯合起來向我要求，前臺諸人又請出幾個報館的記者和我的幾個熟人一齊對我來講。還有人想出一個掩耳盜鈴的法子，叫奉天某通訊社打個電報約我到奉天去講演，於是也好便中演齣戲，不露痕跡。他說：「這不是兩全其美面面俱到嗎？」我無論如何，不甘心被賣，於是許多人都走開了，聽我們自己解決。那天晚上滿蒙文化協會的幾個幹事恰來替我餞行，我把這個事也對他們說了，他們不置可否。我在散席之後接到中國銀行行員王君小純一封信說：「眾怒難犯，止戈宜防」，旁邊打著兩行密圈，我便也有了打算。我一個人走到外面打聽好了到上海的船，隨又叫了幾個挑夫，在我演滿的頭一天和他們講好，約定第二天天一亮就收拾上船。一切都預備好了，我跑去找了一趟龍田長治，他聽了我的話非常憤激，馬上法設要去弄五百個修船的苦力作我的後盾。

第二天一早，那天是民國十四年的三月三日，我天沒亮就約齊了挑夫，居然把行李都運上了船。我有一個吹笛子的不知幹甚麼去了，老等他不來，我只好讓他去。誰知他怕追不上，便亂嚷起來，被鳳祥知道弄了全班人追我，把我包圍住，當地的豪傑也派人幫助他們，其勢要和我拼命；不過還好，並沒有對我有失禮的表示。其時滿洲報的金念曾，海關的孫定臣，中國銀行的王小純許多人都來了。龍田長治聞信追來，還有幾個新相識的日本會社員一齊趕到。大家看這個情形，都覺得後臺的情形太急迫了，勸我為大家的利益犧牲，我在這種狀況之下，竟只好是將就了事，他們便將我的行李從船上搬下來，存貯到別處去了。

四日清晨，朱三爺派前面提過的那位拳術家送我到奉天——大約總不是監視我罷？——一路上談的無非是些江湖上的事。他勸我許多話，非常親切：他叫我和他合股放利債。又說奉天有幾個好朋友甚麼爺甚麼爺的，都是妓院老闆，都有義氣，他替我介紹，千與八百用著不成問題。他語氣之間要仍舊留我在大連，說著掏出二百元給我，說他知道我不寬裕，非極力幫我的忙不可。我很感激他的盛情，可是萬萬無從受他的財帛。我知道他既拿出來，總要敷衍一下，於是我說要多少用些日金，便和他借了二十圓，那時我因為急切沒能退得船票，身邊一文無有，這二十圓日金也就很為得力。

從大連動身的時候，最可感的就是龍田長治氏一個人睡眼矇矓到車站送我，他非常替我著急，想送我到奉天去，我堅辭他才算了。他和我握手那個情形，如在目前。就是在大連的時候，他介紹我認識些男女畫家，如伊籐順三氏丹羽小芳女士都是很有趣味的人。

到了奉天，當晚在金鼎臣君家吃晚飯，席中遇見所謂唐少帥湯少帥者——奉天重要軍人的兒子，大抵都稱少帥——那些少帥不知天高地厚的神氣，無處不叫人頭痛，以後遇見張少帥，才知道他真是出類拔萃的人物。

金君當晚和送我的拳術家商量，說：「北京的角色，個個都有後援、戲碼、賞號、待遇，都預先接洽好了，你們來得遲，非想個法子不可。既來了總要有個面子。」於是替我籌畫如何才能見長，如何才能讓大帥看見，如何才能得到多的賞號；我真不能忍耐，便說：「這些都沒有甚麼相干，大可不必這樣。」他聽了我的話，便不再往下說了。

各處來的許多戲子都住在一個廢宮的頹垣敗壁之間，殿廷空闊，雖然有幾塊板遮隔著，終抵不住關外那種嚴寒，板隔的小房一間裏住十幾個人，起初沒有火，個個都冷得打顫；以後生了火，那煤烟和大蒜的濃香，一走進去就會令人醉倒。

北京的大角色，除畹華住在中國銀行外，其他有的住在朋友家，有的住在棧房裏；那時候所有的棧房都滿了，他們也都是幾個人一房擠得滿滿的。我算是受了特別優待，和拳術家王先生，同住一間房。湯玉麟派了兩個兵來服侍，這是他們的好差使，因為好去睡覺。到了第二天早晨，有一個團長來送出入證給我。他一進門坐下，也不說話，半天才開口：

「你們幾個人？」

「兩個人。」

「我問你們幾個人？」

「全班好幾十人，正確的數目要問劉鳳祥，我們這裏兩個人。」

「我不管。給你兩個徽章罷。」

他給了我徽章，又問我：「你會幾齣戲？」我揣摹他那神情，忍不住要笑。他的護兵非常能伶俐聰明，能言慣語，他見我神情不屬，便接著對我說話：

「你別看我們團長是行武出身，他起過小班兒呢。他甚麼都會，他還開過澡堂子呢。」我聽他說完，不禁肅然起敬。

張大帥暖壽那天，我們都進府去演戲，見了湯鎮帥，他也很客氣的招呼一下，我好比惡夢一般，演完一齣我便走了出來。第二天是正日子，街上非常熱鬧，許多軍民扮著高蹺獅子龍燈之類，齊集在帥府門前。一行一行走過來，經過府門，便有指揮者大聲高叫：「給大帥拜壽！」

龍燈走過，把龍頭高高舉起，大叫「龍燈給大帥拜壽！」叫著一齊跪了下去叩頭，起來玩一回走去。獅子走來，高叫「獅子給大帥拜壽！」跳起來跪下去，三起三落，舞一番走去。高蹺不能叩頭，便作出許多滑稽的樣兒，看的人一齊大笑。門口有四個大字「與民同樂。」可是那些龍燈之類，望門而拜，除了門內的幾個衛兵，府裏並沒有一個人看見。

堂會的後臺，女角色的風頭最健。這回的戲本是由許多師旅長送的，所以各人都想把自己的禮物，當大帥出來的時候獻出去，於是秩序單便發生困難，差不多要緊的戲，都是臨時酌定。而許多送禮的都到後臺來監督他們的禮物，要趁機會獻出去。因此不免有笑話：一個角色上去，後面便有人催快點下來，他不便彰明較著的催，只好冷言冷語的說些不入耳的話。這些話男角色聽著不響，除乖乖兒聽著之外也就沒有便易。可是女角兒不然，可以反抗。（？）有一個旅長，自說是戲提調，坐在後臺，找著事情罵人，真是嚴若冰霜，二個女角走上去揪他一把說：「瞧不出你倒有兩下子，還會發脾氣呢。」旅帥回頭一看，只見他的白牙齒從他的黑鬍子叢裏露出來。女角又說：「舌頭那樣撟著，好像含著個大茄子，還罵人呢。」旅帥說：「我長的就是這個舌頭嘸。」她們正在鬧著，有一個帥府參謀，走進來，大談其天主教義，和新舊教的歷史；湯鎮帥也走來，他就談的是打鎗和騎馬；等到那女角進來卸妝，他們的談鋒一折，眼光飛射，好像打一個石子落葦塘，水波微動，蛙聲頓寂。

我回到棧房，有好幾家戲館派人來和我接洽，並且送些錢來給我用。本來要講唱戲的話，就在北邊混幾個月也不錯，可是我精神上所受的刺激太多，萬萬沒有法子再混。

湯玉麟他本是紅鬍子出身，為人豪放，他看著戲班子也和江湖上的弟兄一樣。演完了戲，他把大連的班子會齊在一間棧房裏，他盤腿坐在一間小屋裏炕上，四圍放著錢，他自己來一份一份的分派。那是戲份，那是賞號，他都隨時有斟酌。前臺的人想多得好處又想從角色身上挖一點，他很看得清楚，用一種特別的口吻一邊笑著一邊罵著他們，看他神那氣好像是舊小說裏常見的。

分完了錢，我得一千元。我自己留了二百元作路費，其餘的除開銷前後臺外全數分給後臺的窮苦人，這一舉大出他們意料之外，我實在不過代他們抱不平罷了。拳術家王先生說我是個朋友，他自願把我的行李一切由大連運回上海，我便全數交付給了他。

湯鎮帥約我看他的馬，又同去遊東北兩陵，看見群鴉亂飛，拿過兵士的步槍來，一發而中；用鋼彈打鳥真算不容易，頗有塞外健兒風。第二天他約我吃飯，吃完飯同去逛窯子，我不甚有趣，便託病跑回棧房，想檢點行李，到北平去。我接到了上海的信，說是陳嘉璘兄已經替我辦好了搭第一臺的事，第一臺後臺主政的是周信芳，差不多全班都是熟人，我頗為高興，可是我在奉天還想多頑一兩日。好在一個人，一件行李，儘可逍遙自在一下。

那晚回到棧房，房裏已經坐了有五六個客。一個是徐君士達，一個楊君大光，一個杜君仲樞，談起來彼此還有點世交，還有一個便是一位新聞記者盛君桂珊。除杜仲樞之外，都是奉天人，不久我和大光士達竟成了好朋友。

士達大光和青年會的閻玉衡三位是奉天有力量的青年。他們的思想頗為進步，對社會對政治都懷著很深的不滿，而且有一種不可遏抑的熱情。他們說奉天沒有新劇，要我替青年會的學生們排幾個戲，說也好留些種子，我答應了他們，第二天便移居到玉衡的家裏。他們又湊了二百元寄到我家裏去，於是我打定主意在奉天住些時候。

奉天真是很冷，春季還是冰雪堅凝，地上的小便堆到幾尺高，這是在南邊見不到的。我初到閻家的那晚，他給一間很大的房，初一進去好比到了冰窖一般，好容易燒了半夜的火，才有些些暖氣。我在房裏總是日夜不斷的添著煤，都還覺得寒氣侵骨，不能坐著寫字，我只好把條絨圍在腰裏，用捆鋪蓋的繩子綁起來，背向火爐坐著，這才可以過去；但是披著皮大衣出門，雖在風雪之中我也不怕。奉天本地人大約是耐慣了冷，尤其如徐士達，始終只見他拖一件破棉袍從來不曾叫過冷。他之為人，性情高潔，操守謹嚴，一種堅忍耐苦的精神，處處都可以看見。

奉天人每天吃的是兩頓高粱水飯，上午十點一頓，下午四點一頓，這個頗像廣東規矩，不過他們艱苦得很，沒有飲茶吃點心的習慣，而且高粱水飯那種粗淡，嬌生慣養的南邊人是萬萬吃不來的。閻君夫婦，為我預備大米飯，又把開飯的時間改成合我的習慣，我於心頗為不安，而他們待我精神上的優渥尤有過之。

我住在那裏很安穩，譯了一個易卜生的戲，看了幾本書，還寫了些論文登在奉天報上，我住的地方，名叫小河沿，是奉天名勝之一，可是冷天除冰雪之外，只見幾排枯樹。我翻著日曆知道已經是綠遍江南的時候，而奉天還是冰雪滿城，有一天在一家小飯店裏見幾幅西湖畫景，遂不禁有南歸之意。

又有一天我到日本圖書館去看書，回來經過一間日本酒店，我走了進去，看見盆裏一枝柳樹，因為屋裏暖，出了很長的芽，這種嫩絲的顏色，在全灰白色的奉天城裏，我只見過這微細的一兩點。我信口說道：「你們的柳樹發了芽了！」一個酌婦回眸微笑答道：「樹都發了芽，能夠不喝酒嗎？」她坐下來一杯一杯的殷勤相勸，不覺得一轉眼就喝光四瓶啤酒，他還是只管勸，我算清賬帶著微微的醉意搖搖盪盪的回去，覺得是旅中有趣的一件事。

我在奉天演講過很多次。有一次在青年會講演平民藝術，話裏有「我們要從特殊階級手裏，奪回被獨佔的藝術」的話，我主張徹底的革命。恰好王君平陵在座，他回去寫了封信給我，說我們應當從事於創造新的，不僅是要把舊時被佔有的奪回，我當時回信彼此有所商榷，以此便成了朋友。這回的演說頗得聽眾同情，青年學生和我來往的一天一天的多起來，我在他們當中挑選了一些人，排了兩個戲，一個是《少奶奶的扇子》，一個是《回家以後》。還有一個獨幕劇，我忘了是甚麼。演的地方是總商會，收入是婦女青年會的。那回費了好多事沒能做到男女合演，但是幾個角色都還算過得去而且他們很熱心排練，足有一個月不斷的工夫才上演的，成績不能算壞。我最初沒想到要這樣長的時間，本想還排一齣易卜生的戲，以後因為行期已定，便只好作為罷論。我回到上海以後，還時常接到奉天學生來的信，好像從那回以後，他們並沒有繼續的表演。有的對於他本省的政治和社會異常不滿，希求革命，詞意之間，異常激烈，在國民軍得了武漢以後，忽然沒有音信了。

在奉天排戲作文讀書之外，惟與士達大光縱談。大光他實在是精明強幹，在官辦儲蓄會有個小事，不足以展其才。士達在市政公所當科長，他本是日本京都大學的工科生，在市政公所頗有實權，還有建築工程以及車輛之類都歸他管，在旁人可以借此發財，但是他公私之界限極嚴，清貧自守，分寸不踰，有個德國人送他一輛汽車，他拒而不受，每天只在冰雪中跑路。他除工程學、機械學而外，還留心軍事教育，和政治的史料，頗有效死國家之志。現在他們兩位也不知怎麼樣了。因為職業變遷，通訊地址更變，玉衡又到美國去了，無從詢問消息，今年春天不知在那裏聽得玉衡已經回了國，可是我還沒寫信問他。

臨動身的頭一天下午，玉衡介紹我見了張漢卿，坐他的軍用飛機玩了一小時，這是一個新經驗。從飛機下來，飲了一夜山東老酒，第二天清早上了火車，一路上冰雪堅凝，還是全無綠意，誰知一進山海關過不到幾站桃花已經紅了。

在北平住了一星期，因第一臺催歸匆匆回到上海，從此我的生活，又不免陷於苦悶之境。

我從奉天回到上海，簡直沒有休息，便在第一臺登臺了。那時是信芳管理後臺，一班都是熟人，也就沒有甚麼特別的困難。信芳正排《漢劉邦》，我也幫他搜集些資料，但因賣座不甚好，只好一本一本的趕著排下去。他固然是忙得個不了，我也曾梳著古裝在下場略為有空的時候筆不停揮的寫。這本戲當然說不上甚麼意義和編製法，不過是求其賣錢而已。但是周信芳是個歡喜讀些中國書的人。他一面求賣錢，一面又想把他的書放進戲裏去，於是不得不把正史稗史咬文嚼字和機關戲法拼湊在一處。我記得在第二本裏飾的是虞姬，還有一本不記得飾一個甚麼姬人，和劉邦一同逃走，走到一間廟裏，而追兵已至，兩個便藏在香爐裏面，菩薩顯聖，追兵翻轉香爐竟是空的，這便是機關的巧妙。人進機關，後臺叫作鑽機關，當我們鑽進香爐裏面，僅僅容得下兩個人，還要用特別緊湊的方法互相擁抱，所以逼得連氣都出不來。我們跑過好幾個過場，往爐裏一跳，蜷伏下去，和伏酸菜一樣，一個木蓋從上面壓緊，只聽得彼此的肺部和外面的鑼鼓一樣緊張，嚨咚嚨咚地響個不住；他的汗一點一點的滴在我的頸上，而臺下彩聲大作。從機關中鑽了出來，不免粉黛交下；趕忙拂一拂塵土，改一改化妝，換上一套衣服，如此喘息未定，又匆匆的走出去大唱其整段的二簧，風塵僕僕的我，這樣連來幾天，嗓音便受了影響。登臺沒有多久，忽發了僂麻質斯，左腳大趾痛不能行，只得告假養病，一連兩個多月坐了不能動，計算起來，並請假扣去的薪水和醫藥費整整又損失三千元。到了冬天，第一臺主人因積欠太深，倡議改組，我又和信芳靈珠諸人當起合股的老闆來；結果賠本不少，戲館還是被人家占了去了。我從此更厭倦這種生活，不想再登臺賣藝，我並不怕窮，不過鑽機關唱聯彈，還要靠借債過日子，也就覺得太不值得了。

從第一臺出來，卜萬蒼拉我同進民新影片公司當編輯。我替他們編了一齣《玉潔冰清》，並且還自己演了一個角色，片子還沒有出來，我卻又應了漢口的聘。最初本只說是去演一個星期，誰知從登臺那日起已經訂去了半個月的包廂，以後接接連連竟演了兩個月。恰好《玉潔冰清》的影片到了漢口，我率性多住幾星期，作了些推銷的工作。影片演完，又演了一個星期的戲，這才回到上海。

此次到漢口，有一件事我還記得：漢口——不僅漢口，大凡在內地各埠，戲子不能公然逛窯子，因為那是老爺少爺們的特權。民國以來，這個風氣略為改了一些，但是戲子逛窯子，或是妓女接待戲子，一般人還是認為是罪惡。——有一個唱武生的在新市場大舞臺演戲，雖然俗不堪耐，卻也頗能叫座；其叫座之能力全靠吸引女看客，這些女客之中，妓女當然占一部分。這位先生極力替自己作廣告，著實不免有些近於招搖：他到晚上在草帽上裝上三盞小電燈坐著汽車在馬路上穿來穿去，引得行人駐足而觀，他卻自鳴得意，不以為醜。

他姘識了一個妓女，和他私下訂了婚約，並且約定在他合同滿時同回上海。誰知這個妓女有一個熟客硬要娶她，那位先生是個富商，年紀七十多歲，還十分留心內寵，在這個妓女那裏大約花過不少的錢，他聽見這個消息，便去和警察廳長商量，以敗壞風紀淫污閨闈的罪名從嚴究辦，便把這位武生押了起來。這位武生他本和吳佩孚的幾個下級軍官是朋友，這幾個軍官想用強力從警察廳保他出來。於是警察廳以非常手段提來拷問，不由分說，先用木錘將他的左右腳，踝骨打斷。以後不知道怎麼樣，這件事傳到吳佩孚耳朵裏去，他老人家是個維持風化的老先生，也就主張重辦。

新市場的一班董事全是巨紳富賈，當其劇場興旺觀客盈門的時候，他們也都欣然色喜，深以那武生的廣告吸引為然，一到了鬧出亂子來了，他們立刻都起來維持風化。其中大多數主張枷號遊街，有一個買辦便主張槍斃，以儆效尤，大家也就同聲附和。在正要遊街的頭一天，我恰好到了漢口，那一天的報紙關於這件事很熱鬧的登載著，許多人打聽路線，預備看熱鬧。

我覺得這種事情太可笑了，我匆匆下了棧房，立刻去找了許多熟人替他疏通；遇到幾個明白點的紳士，他們約我晚上在華商總會去談談。

晚上到了華商總會，當地名人大都見著了，他們正在談著這個案件。我見他們七嘴八舌，似乎不便替那武生辯護，我只好以參加討論的態度和他們談話。我說：「某人雖是品行不好，事情總出在你們各位管轄的新市場，懲辦過了，叫他立刻離開漢口，各位維持地方的責任也就盡了；他如今肢體已經毀損，同時剝奪去一切公權，也就不算罰得很輕；如果處理得太重，恐怕大家也不能十分心安理得罷。而且，拿去遊街，在他個人至多不再到漢口，但若這樣辦，似乎把新市場的弱點極力鼓吹一樣，恐怕更不好辦罷。」他們聽了我的話也頗以為然，於是介紹我在第二間房裏見了那個警察廳長。那廳長不記得姓甚了；他是東京法政速成學生。瘦瘦的，兩撇小鬍子，穿著長衫馬褂，抽著水烟，他說在東京見麼過我，我卻完全記不起來。我簡單和他談了幾句，他也並不堅持說要怎麼辦。結果遊街的事收回成命，過了一向，那武生被罰了六百元驅逐出境；那個妓女仍然花枝招展，時時到新市場大舞臺看戲，她得了那種特別廣告的幫助，格外知名了。

漢口夏天的奇熱，這一年我才頭一次經過，當《玉潔冰清》影片開演的那幾晚，深夜都是九十八度。我每天衝冒暑熱，忙過不了。等影片演完，我動身回上海的時候，革命軍已經攻下岳州了。

我回到上海，萬蒼因和侯曜不合，離開了民新，民新便叫我當導演。我一個盡料的外行，被逼得勉強工作，一切不免都感到困苦，但在一年之中，卻增進了不少攝影場和暗房中的智識和經驗，而電影界的生活，也親身嘗著了。

中國電影演員的生活，正和從前文明戲的演員差不多；所不同的，最初期的文明戲演員，都帶幾分浪人氣，以後的便都帶幾分市井流氣，而電影演員因時代的不同，都妝點出些西洋氣——從表面上看，男演員大概有一身夜禮服，女演員大概有幾件半西式的漂亮衣裳。（當然那些臨時雇用的小演員不在此例）跳舞場他們時常要去，所以衣服也要相當的整齊，門面總是不能不要的。但是，那些穿漂亮衣服坐汽車吃洋糖的女明星，回到家裏去不見得有錢買米。有一次七個明星在一間房裏坐著等夜飯，七個人傾囊拚湊，不到五塊大洋；那些男明星便更不用說了。從前有些女演員要在咖啡店去當女侍，大引起影劇界的反對，老實說，幹這種副業，也正為正業的經濟條件不充足的原故。據說還有祕密營他種副業的，只要不拋頭露面，在中國社會裏也儘可以認為沒有其事，何以女侍便認為丟臉些？有個朋友對我說：「儘管去嫖，卻千萬不可到跳舞場。跳舞場許多人看見；嫖，只要自己不張揚，可以不讓一個人知道。」中國人的處世哲學，這是一個大關節。

我在民新公司的時候，女主角都是些夫人小姐，另是一個派頭。民新對導演的待遇似乎也比別的公司優些；有些小公司的導演，一個月只有幾十元的薪金，卻從早至晚，從晚到天亮，很少閒空，作充分的休息。

在中國電影界當導演有幾件事要注意——一，用錢要極少；二，出片要極快；三，片子要能賣錢；所以要苦心去揣摹風氣，還有就是要絕對耐得辛苦，要受得氣。前三樁是連類來的；如果用錢多，出片慢，賣不著錢，三者有一於此，必大聽其不堪的閑話；三者都不如程，便要被排擠，丟了飯碗。

至於受辛苦一層，不必多說，也可想而知。片子要出得快，當然要趕：有炭精燈的公司，往往一夜拍到大天光，白天還要趕著整理片子和劇本，還要布置演員，選擇外景，檢點佈景服裝，以及處理臨時發生的事務。導演要能全盤打算，稍一不留神便弄出笑話來。那沒有燈的公司便把時間反過來，白天從早晨八、九時到太陽落山拍戲，晚上辦其他的事。

老闆不容易敷衍，演員也不容易駕馭。有面子的演員往往不聽話，還愛鬧鬧脾氣；小演員雖然不敢鬧脾氣，可是大都沒有才能，或是有些才能，又少了訓練；所以萬萬不宜燥急，有時候為公為私都有忍氣吞聲的必要，求其方方面面取得信仰，有相當的威權，也不是一朝一夕之力可以做到的。

外國的影片公司，設備很周，分工很細，各部分又都很健全，所以導演不至太過煩心；而且資本時間比較充足，不致拚命死趕。中國的公司資本周轉不來，設備又不完全，全靠拿命去拚，所以累死了也出不了甚麼好的東西。日本影界的情形與中國相去也不甚遠。

我當了一年多導演，增進不少的閱歷，尤其和女演員辦交涉，從到攝影場才是破題兒第一遭。我雖幹過愛美劇團的事，對於女演員另外有人負責，所以與我沒有甚麼關係。我生平最不會敷衍女人，所以女演員和我發生好感的很少。在拍戲的時候，她們往往會生氣，往往不依規則，有時弄得不好，又會大哭不止。起初對這種情形覺得為難，久而久之，看慣了，也就麻木不仁，若無其事。

有些導演歡喜請女演員吃飯。我有一個同道的朋友，請了幾個女明星到大華飯店吃晚飯，她們大點其菜——大華點菜是很貴的，每盤要兩元——結果他對我說：「她們真糟，點了菜又不吃，真害得我好苦，半個月薪水沒有了！」說著大笑一陣。這樣的經驗可惜我還沒有。我在民新公司約滿之後，沒有繼續，從那裏出來又零零碎碎到內地各埠去演了幾次戲。以後我很厭倦登臺，只想多讀點書，多寫幾篇劇本，差不多有半年光景，整天坐在家裏。那時候許多幹戲劇運動的朋友也都沒有辦法，以為只好從文字上多努點力，所以全鑽到書齋裏去。恰好革命軍下了長江，上海一班文人多從書齋裏跑到街上，可是平日沒有多多積累，急切也無以自見。在這種新舊交替的時候，頗有青黃不接之概，過渡期的情形，大概總是這樣罷？

那時上海的新劇團還是戲劇協社比較活動點。田漢從「醒獅」退出來組織南國社，我也在內。當時各社的目的意見都大致相同，所以社員彼此也可共通。辛酉社對於社員似乎有種具體的規定；戲劇協社呢，因為幾個女演員都是比較愛談禮教，所以對於社員的加入無形有一個分寸。南國社比較開放，社章和社員名錄從來沒有，但是其中份子，不是田漢的朋友便是他的學生，外來加入的也還是不多。

久而久之，各社的內容漸有更變，自然而然漸有分道揚鑣之概。當革命軍打到南京，上海的藝術界一時昂奮起來，傅彥萇、朱應鵬、丁衍鏞、黎錦暉諸人約會上海文藝界露面的許多人，要想聯合組織一個藝術協會；就借黎氏所辦的歌舞學校開會。我和田漢洪深等也到會的。當時邀約的柬帖上只寫的是個人，到會以後卻叫每個人代表一個團體，不能代表也要依附一個團體。這種情形各人都不免有些莫名其妙，臨時竟沒有辦法。彥萇立上講臺說：「我們為中國藝術界的前途，為藝術的革命，大家要一齊努力，能代表也要代表，不能代表也要代表！不贊成聯合起來做革命工作的就請退出！」當時有人站起來要想分析「贊成聯合」與「代表到會」兩種性質，但是滿場空氣很緊張，誰也沒有辯說的餘地。朱應鵬便宣佈請大家簽字：我和老田略為商量一下，當場他代表南國社；那時我們正在籌備一個革命文藝雜誌，我便代表雜誌社；洪深代表戲劇協社，同時都簽了字當場投票選舉委員，又把我們幾個選在裏面。公推田漢起草作宣言，我和其餘幾個人分別寫章程，辦理常務。自後每日一會，卻也忙亂了一向。我有一天對彥𦵏說：「你那天說兩句話很像一個政治家。」他說：「我有一天到總工會去看他們開會，會場中有一個人問喊口號有甚麼用處，他覺得那種作法沒有道理，而且人家只聽見喊叫，不明白意思；主席馬上答覆說：『他們不明白，叫得讓他們明白！』我也叫得讓他們明白罷了。」

田漢的宣言頗費了斟酌，可是還沒有寫好，這個會已經起了變化：第一，市黨部的意思說不能用團體名義組合，只能以個人名義加入，這一來無異於將原議根本推翻；加之工潮騰沸，租界戒嚴，又繼之以清黨，這回事也就無形消滅了。可是傅朱和還有幾位，這回都加入了國民黨，有的不久便當起委員來。

南京總司令部政治部約田漢去當顧問，宣傳處設立有藝術一科。田漢領著唐槐秋、唐夫人、顧夢鶴、嚴雨今、唐琳、易素女士、黎清照女士等到了南京，一時男男女女都穿起軍裝，掛起皮帶來。田漢約我也同去，我正應了大舞臺的聘，一時走不開，過了一個月，我才辭了大舞臺的事去到南京，把在日本成城學校學過的軍禮，從新溫習，居然假裝起革命軍人的樣子來。

在南京的事情，當時有一篇〈國民劇場的經過〉，讓我把它錄在下面，當時的記事，比目下的追憶或者更清楚些，這也是生平一種經歷，在我個人不能不認為重大的。

國民劇場的經過

我們作了多少年國家劇場與地方劇場的夢，總沒有機會實現，就連一個小劇場，都組織不起來。這要怪我們文藝界同人力量薄弱；不過在近十幾年來這樣瞬息萬變民不聊生的時局之下，我們也實在逼得一籌莫展；觀望敷衍是不能免的事實，妥協將就也有不得已的苦衷；然而這是一時的，我們的步伐絲毫沒有亂，工作一刻沒有停，希望仍然十分熱烈，心血時常一樣的沸騰我們在艱難困苦之中，每每感到鬥爭的興味，卻隨時隨地負荷著過渡時代的悲哀。

大凡社會事業，總不能脫離政治關係。青天白日旗飛颺到長江的下游，全國的空氣，都得著無窮的興奮，沈悶的社會登時覺得生氣勃然；我們大家掬誠致敬，感謝革命軍的戰士，同時加緊著我們的努力，眼見得理想之實現就不遠了。

南京是我們的新都，自然少不得些新藝術的裝點。革命的紀念塔，要建築在藝術上面，正人心，培風俗，洗滌現在，啟示將來，也捨藝術無所歸。我們好比受監禁的囚徒，苦於饑渴，聽見政府有藝術科之設，便似得了自由的門徑，怎麼不圖自效呢？

我自從民新影片公司出來以後，混了些時，又上了個多月的醫院剛剛病癒，恰好大舞臺邀我去幫忙，說來說去，居然訂了半年合同。大舞臺是上海近來有名的好班子，唱戲又不吃力，錢又靠得住。「甚麼全別管，吃飯就完了」，「時局還沒有定，你混著再說罷」。「大舞臺唱唱戲，每月拿幾百千把塊錢過日子多舒服？何必空想甚麼革命呢？」這都是朋友勸我的話。可是又有人向我說：「你去唱狸貓嗎？唱觀音嗎？這又何苦！」朋友實在關切我；我呢，明知道目下流行的本戲，我是唱不好的，不過藝術和文學，始終當不了飯吃，莎士比亞當時替人牽馬，華格拉替人鈔寫樂譜，孔子也嘗為委吏，我除了勞力，沒有捷徑可以得衣食，社會上對於專門家，尤其沒有絲毫的保障，我們這些人不能不吃飯，兒女不能不讀書，既不能天天向朋友借錢，又不能跟著英雄豪傑去變戲法，得了罷，決意跟著大舞臺後臺一班苦朋友，鑽幾場機關佈景，唱幾句九音聯彈，擱幾段善有善報惡有惡報大快人心的場子，叫看客們呵呵一笑，大家好吃飯呵！

大舞臺自有一種常常照顧的看客，生意的重心，是在三層樓和兩廊。那些主顧們，愛看的是場子熱鬧火爆，動作要爽利快捷，情節要容易明瞭；愛聽的腔調是要調門高，要氣長，要腔多而熟，如露蘭春《蓮英託夢》一類，最為歡迎。我是否能在這幾個標準之下當選，頗有自知之明，所以既不敢在排戲裏面參加絲毫意見，也不敢將我所編的那幾齣溫戲拿出來賣弄，只是作童養媳一般盲目的隨著混混罷了。可是每每覺得我雖然掛著正牌，連一個三路角色都比不上，這是何等的滋味？

大舞臺後臺的同事們待我非常的好，他們見著我極有禮貌，而且對於戲劇上時常促膝討論。還有許多人願以師禮事我，我無論有甚麼事，他們都非常的關切，我實在感激他們。他們對於我的戲頗表同情，每逢我唱單頭戲，有許多人到臺下去看，看完了，再來與我仔細的討論批評，我也就便將我的理想對他們講說；他們沒事的時候，也毫不客氣的告訴我他們的經歷和見解，我於此得他們的益處也不少。他們對於目下的連臺戲並不滿意，他們說：「機關快沒得變了，聯彈快唱厭了，以後的飯怎麼吃？」這幾句話道破目下戲劇界的危機，可見人人希望有一種新的創造。可是創造不是咄嗟立辦的事，要編一齣戲，必須要經很多次的推敲，那自然要相當的時日——華格拉《尼布倫肯》二十五年才完成呢，就是易卜生也不過一年作一個劇本。若說到歌劇，尤其難弄，要有新的創造，非有新的音樂不可。

無論是學理，是新思想，是新藝術，決不能沒有歷史的根據，有愛因斯泰的相對論，必先有牛頓的三大定律；歐洲各國的音樂，都是從意大利音樂漸次蛻化而來。我國的音樂，有幾千年的歷史，並且各處歌謠，都有它很濃厚的地方色彩，只要加以整理改造，便可以有很好的成績。我不是音樂專家，夠不上說負這責任，我也曾經同許多專家談過，他們都很以為然。不過中國音樂家生活的窮困，又怎麼能夠專心於此？至於戲館的老闆們，更是想不到這層；這也難怪，他們既不知道有藝術和文學，也夢不到現在過了還有將來；甚至於他們的管業計劃，也是短期的，所謂「搶一搶」，搶著了就收手，搶不著便只好自認倒霉，再等機會。

大舞臺的辦法，是後臺演員三、五人與前臺合作的。他們十股老闆，每股一千元，總共不過一萬元；外加案目茶房的押櫃，合計不過一萬三、四千元。總算運氣好，平平穩穩維持了十年。這十年之中，他們自然是在營業上沒有放鬆一步。像大舞臺那種戲館，平常日子不添京角，每月開銷平均要一萬六、七千元，他們的真正資本只有一萬元，倘若是賣不進來，豈不馬上就要停辦？老實說戲班子裏的同人，都是些光蛋，有積蓄的實在是鳳毛麟角，那裏來的錢來賠？招牌掛得儘管輝乎其煌，拆穿了說，不過是混一天算一天。在上海的戲館裏，除了仍然邀幾個京角可以閧一閧外，沒有新排的戲自然站不住。至於排戲的標準，第一就是要迎合看客的心理：大家歡迎神怪，便匆匆忙忙趕一本神怪戲；歡迎皇帝，便來一齣真命天子；怕他們看短了說不佳，便從六點鐘唱到一點鐘；怕他們說少了不值，便將兩本的材料緊縮在一夜演完，掛起兩本一夜演完的廣告，以資招徠；那裏還有甚麼戲劇上的主張？也決不許你有主張啊！目下還算好，一本戲平均能夠唱一兩個月，已經是弄得人筋力盡；從前每一禮拜，甚至於每三天要換新戲，試想怎麼能夠好得了？所以有許多人責備上海各舞臺說，為甚麼不改良，為甚麼不進步，這都是不負責的話。

我於是看到了兩點：一，要就戲劇加以改造或重新創作，全靠站在職業的劇場以外的專門戲劇家拿犧牲的精神努力貫徹主張；二，要公家有相當補助來建設一個小劇場以為模範；我聽見南京總政治部有藝術一科，藝術科又有戲劇一股，自然是心嚮往之，不過那時候我初進大舞臺，才訂合同，不能離開上海。可巧褚保衡從南京到了上海，把田壽昌、唐槐秋及南國公司的職演員全拉到南京去辦戲劇及電影兩股的事；壽昌去到南京回來的時候，對我說起，說南京氣象還好，陳銘樞、劉文島兩主任，對於藝術都很熱心，經費也相當的充裕，只要有人努力去幹，必然能夠漸漸的實現一部分理想，所以勸我也加入，可是總沒有具體的辦法。隨後朱隱青因鄭心南的介紹又從南京來看我，我們與壽昌三人談了很久，結果是我決定一個月後到南京去。跟著我便告了一天假到南京去看了一趟，事情就算定了。我便開始與大舞臺辦交涉，我說願意幫一個月忙，實行合同上的規定。他們自然照例留我，後來見我很堅決，也就答應了。我幫忙不過二十天，童子卿、趙如泉二位很客氣的設宴替我送行，到了我從南京要回來的時候，他們十股東仍然將我幫忙期內應得的薪水，送了過來，我很感謝他們的厚意。可是那時候他們已經散夥了，我在南京計劃也因政變而中止了。

當其我與大舞臺訂了合同，我妻韻秋便替我仔細打算，怎樣的持家，怎樣的還賬；後來聽見要到南京去，她口中不言，心中悶悶，她愁著一家不易支持：大舞臺第一個月的薪水，後臺開銷以及添置行頭，早已用完了，第二個月就沒有收入；南京的月薪算是定得最豐的了，二百多塊錢，不過抵演劇薪水四分之一，有時還拿不著，一聲要到南京，另謀住處，另起爐竈，又怎樣開銷呢？兩處的開銷，又怎麼夠呢？她想的實在不錯，可是我那時候完全沒有顧及，我只覺得藝術家當然要革命，革命的社會，應當培養革命的藝術，我只要小劇場成功，便也無暇顧及家事了。當時有些關切的朋友來告訴我，說南京的局面不久要變，總宜慎重些，這層我也明白，只是不信會有那樣快。我想劇場只要能照我預定的計劃開演一兩個月，我便能將演員的團體結得堅固；社會上對我們的主張，必有相當的同情；售卷的收入，可以慢慢的維持生活，就是政治部萬一津貼減少，或者甚至於沒有津貼，也不至中途解散；並且我想政局雖變，未必一個劇團都要連帶解散，就是解散，我總算有過一番努力，總比坐著沒有動的好；誰知結果只開演了三天！

我在政治部的名義是藝術指導員，沒有階級，同顧問差不多的位置，也不屬於那一處那一科，不過我自己規定只擔任戲劇股的事。我第一步就是組織劇場與一個演劇宣傳隊。在軍政時期，軍事正在進行，敵人沒有就範，人心浮動，所以要極力的宣傳主義，鼓吹革命。就宣傳的工作論起來，標語和口號的力量自然很大，講演也可以攏得住群眾的精神；不過這些方法都是單刀直入的，警告的，教訓的，煽動的，甚至是命令的。藝術便不然，藝術是注重暗示，誘導和感化的。要求宣傳的意義深入人心，非借重藝術不可。俄國在革命以後，極力保護藝術家可見其用意。政治部設藝術科，用意也不過如此。我們既是在政治部服務，當然不是拿藝術來講娛樂和陶冶性情，也沒有許多的餘裕來做過於專門的工夫，宣傳的工作，我們是要切實用一番心血的。不過我當時有個堅決的主張，就是要用藝術來宣傳，必先有藝術。我認為必要組織劇場，因為舞臺藝術非藉舞臺為媒介不能表現；而且演劇宣傳的隊員，全是新招募的，非有訓練不可，總要給他們些表演的標準和練習的機會。至於劇場之於文化於社會的效用，更無容多表彰的。

演劇宣傳隊的計劃，我已經懷了將近十年了。我的意思是要組織一個團體，用相當的時間，授以演劇的技術，於是預備些旅行用具，率領著他們到鄉下去演戲，一面表演，一面再隨時訓練。每到一處，我們便將那地方的人情風俗民生狀況，客觀的記載下來。隨時發表。我們也不打旗幟，也不標主義，好像就是一個普通的江湖班，使民眾容易同我們接近。我們可以利用音樂、歌曲、舞蹈、默劇、戶外劇、二簧戲種種，作媒介鑽進民眾裏面去。我們一面演戲給他們看，一面可以將我們所編的歌曲，隨時教給小孩子們唱，這樣只要行三、五年，我們的團體建築在民眾上的基礎，必然鞏固，真善美的種子種在民眾心中必然漸漸地發出嫩芽，這便是革命的一大勢力。而且我們的記載，可以供風俗學者、社會學者等及各方面的參考。有人以為這種辦法，過於迂緩，不切實用，我以為革命不是一時的，是應當不斷的，目前的功利不可看得太重，根本的整理不可看得太輕。嗎啡針的作用固然很明顯，滋養料的供給，是萬萬不能斷的。

演劇宣傳隊員招齊了，劇場也組織好了，就取名叫國民劇場。演劇的節目，是話劇與歌劇並重。我以為在中國音樂沒有加以整理，新歌劇沒有產生以前，舊戲不能廢；不過要把舞臺裝置、表演法、場子、與乎劇情的內容，極力使其近代化。關於這一層，我想另外作篇文字，詳細談談，這裏不多說了。

國民劇場的演員是從上海聘去的，有些是舊戲演員，有些是南通伶工學校的學生，還有王泊生君及吳瑞燕、楊澤蘅、黃玉如女士，是北京藝專最出風頭的學生。他們許多人都是有事情的，他們情願減少收入，隨我到南京去住破屋子，喝鹹水，大家都是很高興的。只有高百歲臨時變了卦，我知道他在某種勢力之下，有難言的苦衷，我也決不怪他。

南京最難弄的就是房子，因為空地多，住房少。自從政府成立，南京城裏的房子幾乎沒有一間不滿的。我們花了許多冤枉錢，費了許多的時日，好容易把府東街的戲館弄妥，又好容易才租得許家巷的一所房子作宿舍。那些二房東還要從中漁利，他們情願讓軍閥的軍隊占用，決不容受好意的商量，真是可怪。我們只要租到了手，也就不暇去說多話了。

府東街的戲館，實在是破爛得不堪，上頭漏，下頭溼，欄干都斷了，樓板一走就陷下去。原有的椅子，大半被從前的軍隊當了柴火，總之沒有一樣不是七零八落。我們樣樣重新修理，重新油漆，重新添置：裝電燈，做佈景，置行頭，置樂器，費了一個月的工夫，一切全備，有來看的，都說是南京第一。我們原定八月十日開幕，以後因為火車罷工，木料不能運進城，又推遲了幾天，到十七日才開幕。還沒有開幕，蔣總司令早到了上海，中央政府的委員，不知怎麼樣也都溜了。孫軍的炮從浦口接接連連的打了來，滿城風雨，宣布特別戒嚴，火車上到上海的人，連車頂上都滿了，我們在這個時候，仍然照預定的日子開了幕。

頭三天本來了請各機關法團看的，所以都是贈券。那時候劉文島主任對我說：「在這種時候，你就是送票都沒有人來看戲的。」誰想大不其然，到了七點鐘已經人都滿了，外面還有許多人強勉要買票。

開幕的第一天，我們演的節目是：我與潘伯英合作的《革命前進曲》，丁西林編的《壓迫》，戲劇股長唐槐秋編製的默劇《降魔舞》，還有拙作歌劇《荊軻》。看客頗為歡迎，評判也相當的滿意，最可喜的有許多同志寫信來討論劇情，總算不寂寞。

第二天（十八日）風聲又緊了些。看客比上一天更多，擠得水洩不通。我們也格外的起勁，連夜預備發行第二次的特刊，（但是出版印刷兩股的人都走光了）又準備在二十日下午，要到野外去演一個拙作戶外劇，名叫《入伍的兵》。戲劇股辦事人本就很少，我和唐槐秋往往每天做上十幾小時的工作，開演以後格外忙，但是絲毫不覺疲倦。因為隊員有許多不來了，演員又有人生病，我與唐槐秋還要去裝太監，跑龍套，扮縣官，這是生平沒有幹過的；一上臺許多人都笑了。第一次的特刊，差不多四分之三是我一個人在六個鐘頭裏寫成的，我從來寫文章沒有像那樣快過。只是一遞一遞的人來報消息，卻把我苦壞了。

第三天（十九日）各機關完全停頓了。可是不到六點鐘看戲的人就滿了。許多的傷兵硬要進去，怎麼都講不通，約在禮拜日送票請他們看，也不答應，幾幾乎鬧起來，而門外的人更有加無已。那幾天的招待員，都是政治部的前敵宣傳員自己告奮勇來的。他們沒有法子了，便有人打電話與戒嚴司令部，不多時，憲兵來了，戒嚴司令部的兵也來了，好容易將秩序維持住。

場內的看客堆起來了，臺上的戲慢慢的進行著；譚抒真新作的《革命軍凱旋曲》，由總司令軍樂隊全體出奏，受了盛大的歡迎。那天晚上因為王泊生太勞苦了。沒有演《壓迫》，添演了兩齣舊戲。

梵鈴、瑟羅，和鋼琴的聲音，悠悠揚揚的響起來，是潘伯英和前伶工學校樂隊隊員周生善同，姜生志憲等組織的西洋管絃樂。幕開了，默劇《降魔舞》正登場，十幾個舞女正在那裡降槐秋飾的魔王，我妻韻秋管著下場門的回光燈，我就扮著龍套，一面管著上場門的電光；注視那些舞女的步伐，比頭兩天格外整齊；舞到一小時半的時候，臺下的看客靜得沒有一些聲息。忽然聽得棚的一聲，好像廊下炸了電燈泡。臺下的觀眾卻都沒有注意，只有極少數的人，回頭看看，臺上的跳舞的女孩子也絲毫沒有慌；一會兒全劇演完，才有人來報告，說是門外頭打傷了五個看熱鬧的人。問起肇事的原因，卻沒有人說得出，有人說是鎗走了火，有人說是被搗亂分子擲了一個小炸彈。要說是鎗呢，如何一響連傷五人？有一人受兩傷的，有一個人膀子上去了一塊肉，有一個人肩上穿一個小洞。若說是炸彈呢，卻有一個受傷的人說是衛兵開槍。當時在門內有政治部的衛兵一名，在門外就有憲兵和戒嚴司令部的兵，誰也說不出是那個開槍的。我們的招待員等，自然沒有權利去檢查那些兵士，他們因為沒有甚麼看客來了，都在門內，所以門外的事也不甚了了。據兵士們就都說是炸彈。

出事以後，歌劇《荊軻》仍然上了場。戒嚴司令部的軍官，堅決的要求我們停演，他說風聲緊急，萬一不停演，再鬧出事來，他們不能負責。我們當然沒法，只好停演，誰知觀眾不肯散。朱隱青科長便對大眾說明傷人的事，及戒嚴司令部的意思，問大家，是贊成停演的便請站起來退場，贊成演下去的便坐著不要動；結果只有三個人立起來，其餘的人都坐著不起身，那三個人看見大家不動，也復身坐下了。沒有法子只好接續再演，他們仍然是笑逐顏開的拍掌。

到了十一點鐘，戲還沒有演畢，外邊情形似乎很嚴重，憲兵走了，戒嚴司令部的兵也再不能耐了，我們才宣布停演。軍樂隊奏一個很長的曲子送著觀眾慢慢的散盡，我們也就收拾收拾整隊回到宿舍。那時候傷的人送到醫院去了。地上牆上都是鮮紅的血跡街上的人看見我們走過，一叢一叢的竊竊私語。我們到了宿舍，計議次日是否開演售票，沒有決定，又聽見傷者之中已經有一個人死了。

次晨，我一起床就去見劉主任，說起昨夜之事，他說不能演了，再演還要出事情。他想解散，但是還欠了木匠，厨子，和行頭的店賬，總共要千多塊，一時那裏拿得出？沒有法子，他便寫了一張手諭，叫將國民劇場暫行移滬再行設法，又撥三百元作為移遷之費。那天下午他也走了；政治部的人幾乎空了。下關的砲聲越發利害，一切都無負責之人，如是我們便打算動身。但是我實在有無窮的留戀，人家說南京太荒涼，我說因為荒涼，才要我們來給他溫暖；因為一無所有，我們正好在這片空地上照著我們的意思來建築；這小小的國民劇場，借的是破舊房子，雖然因陋就簡，卻也整齊乾淨，我還想在這瘠地上培植些花木，誰想一陣罡風連泥土都刮去了！我只好懷著許多種子，另外再種呵，我是絲毫不感覺失意的。

我見了劉主任後，回到宿舍，路上遇著一口棺材，聽人說傷者又死了一個。到宿舍的門口，有勤務兵來說一共死了三個，兩個大人，一個小孩子，他們真死得冤枉，誰都覺得很難過。出事是在劇場以外，於劇場當然沒有責任，不過在平日我們很可以演一天戲撫卹他們，不然就是政治部也要想個法子；偏偏遇到政治部本身停頓，也竟是無法過問，我不過勉強向街坊鄰居，表示一種說不出的意思罷了。二十一日我清晨到軍事委員交通處，請替我們設法掛輛三等車，辦妥回來，遇見第三路總指揮政治訓練處要留我們，以後聽見各軍政治訓練處都要裁撤，只好作為罷論。我想孫軍萬不會過江，只要有法子維持伙食，維持開演時的秩序，便可不走，所以又請幾個處長去請示軍事委員會，結果也沒有辦法，最後還是非回上海不可。但是掛車沒有了，我餓著肚子，在中正街火車站太陽地下守了一天。總算湊巧，弄著了三輛裝牛馬的車，才將行李裝好，真費了不少的事。

人都到了車站，車要開了，我妻忽然病發昏絕——兩個月來她幫我辦事，一面理家，操勞過度，加之以驚駭暑氣，便不能支持了。請了個醫生來注射用藥，方才醒了過來，用行軍床抬著放在鐵棚車內。好容易等著一個車頭要開了，忽然聽說下關被隔江的砲打壞了一個車頭，不能前進，後來勉強開車，到下關已經沒有砲聲，可是與軍事管理處煞費商量，始終沒有車輛。軍車是滿而又滿，客車已經是無從買票，那軍事管理處處長，也只好打幾句官話回城去了。我們大家坐在水門汀地上，暫時買些燒餅之類點饑，我吃了一碗餛飩，真是生平未有的鮮美！等到客車到了，我們只好分幾隊硬擠上車去，幸喜幾位女士都很強健，居然占著了座位；唐股長帶著趙文連父女等九個人占一間女廁所，真是猗歟盛哉！我們的鐵棚車因為是四個輪盤的，不能掛快車，只好等次日九點二十五分的慢車。我們弟兄夫婦、劉坤榮夫婦、理化民，和幾個伶工學校的同學等，總共二十餘人，擠在鐵棚車裏，牛馬糞的臭味自然不免，夜靜後連續不斷的鎗炮聲亦復清脆可聽。只有半夜，在我們的車上加掛十幾輛車，一輛一輛的鬥上去，把人的頭都撞暈了，病人是格外禁不住的。等天亮了，知道九點十分的快車還沒有開，便趁著乘客沒來，先將婦女小孩子移上特別快車，我因為要先到上海設法存放物件，並預備款項，也就先一步動身，只留舍弟等十九人在慢車中押行李。預計他們不過遲兩、三小時，可抵北站，誰想我們到了，他們被孫軍的間諜毀了鐵道，在安亭出了軌，車子全翻在河裏。車身都扁了，器物有許多壓壞了。奇怪，他們十幾個人一個都沒有傷！舍弟在車翻的時候，從車中拋出，落在朝著天的車輪上，竟安然無恙。他當時低頭一看，只聽見許多人在車箱內叫救命，有的說他的頭沒有了，有的叫著他自己的名字，說他的心壓扁了，結果都安然出險。車翻的時候，便有無數的土匪放鎗來劫車，白總指揮的兵剛巧到了，開了幾排手機關鎗，方始打退。後來才知道這回事情，本是要不利於白健生的，不料他隨後才到。可是那次兩車手溜彈都沒有爆發，只有兩個兵被子彈箱壓得受了重傷，真是不幸中之大幸。等到舍弟等都回來了，我們許多人費了很大的事，才把那些東西搬了回來，除掉劇場的椅子燈泡等有損失外，其餘還好好保存著。如今事已過了，回想到也有趣；最可感的是我們的同伴沒有一個有不出死力幫助，照我們的機遇看起來，這回頗為可惜，照我們同志們的努力看起來，我們始終要大大的成功。

這次戲劇股用了將近一萬四千元，領公家不過一萬一千四百元，存的生財約值三千元，其餘裝修及雜用之費只好算是白費了，可惜一張票都沒賣過，就此完結。演員們都付了一個月薪水，只是他們到上海，從前的事不能恢復，一個個多是高賦閒居。我與他們本有長久共事之約，遇此意外急變，也就無可如何。還有那些木匠漆匠厨子行頭店之類，都跟到上海等著要錢，他們只管問著我，好容易在朋友處設了小小法子，敷衍他們先回去了。劉主任他問我行頭是否可變賣著還錢，可是漫說一時無人要，就是有人要戲班裏的東西是轉手就不值錢的，所以我極力想勉強保存著。我想在上海擇一個地址開演，一來可以繼續主張，二來也可安置這同心協力的團體，不料經過重重困難，始終成為畫餅。我以為凡事只要有計劃有主張，便不怕失敗，南京開演三天，自然有相當的價值，所花的錢也決不冤枉，所得到的是事業上的積累，社會決不會冷淡我們的。

因為許多同伴們生活的關係，不免四處奔走。最初要槐秋到杭州去，想租西湖舞臺開演；槐秋只帶了三天的旅費在西湖卻住了一禮拜，弄得幾乎回不了上海。先以為朱隱青在那裏可以想些法子，誰知他也窮得甚麼似的。

杭州既不成功，又在無錫去設法，無錫又不成。一想只有蘇州可去，便由朋友介紹找著蘇州新舞臺的主人張某，和他磋商。正在談條件湊股份的當口，有一個政治部的同事自己來找我，堅求附股二千元，我真是高興極了，於是約定一天的下午簽約定事。到了那天，一吃過午飯，就有許多人齊集在我家裏，個個都欣然有喜色。誰知時間慢慢地過去，借款的人沒有回信，附股的那個朋友也不見面，只送一信來說他急病入院。我急了，走到他寓所去看他，只見衣服帽子被褥絲毫不亂的陳列著，等了半天，不見一個人；我便租了一輛汽車趕到他信上所寫的那個醫院裏去，又撲一個空。問起醫院裏的辦事人，他們有些認識我，就替我遍查諸病室沒有那個人，我回到家裏，再去他寓所，已經搬空了。留下一封信給我，說他因為那個醫院不好，換了中國紅十字醫院，等我去到那裏仍然沒有，我就證明是被欺了。以後才知道他以為我有錢，想從我處行他的方法，後來他看見我著實要靠他的錢辦事，他其實是妙手空空，所以只得逃避。我們的事臨時受了這個打擊，一時沒有辦法，只好一面設法回覆張某，一面另圖別計。

恰好有人要辦閘北更新舞臺，想用我們的班底，來和我商量，我便答應了。不想夥伴中有一個票友，他完全不顧大局，他雖然本事有限，只是奇貨自居；好容易勉強說妥，又經過許多的困難，費了無數的精神，居然把事辦妥。

舞臺租定，定錢交了，角色們的定洋也發了。登起廣告，掛起牌，設好事務所，排好戲，靜等開場。第一天晚上，我們還照例請幾桌客招待些朋友，預備叫他們捧捧場。雖然費了不少的精力，而情形並不甚好，那天晚上總算睡得比較舒服。

第二天一切都妥當了，準備夜間開幕。到了下午，有許多女工在更新舞台大門口一間茶館裏開會，因為這間茶館建築的時候，大約有偷工減料的弊病，人多乘不住，一時全間樓倒塌下來，壓死一百六十幾個女工；遍地磚石木屑之中，睡著百餘具鮮血淋漓的尸首，試問我們的戲還有什麼法子開？而且這間茶樓本是更新的產業，牆壁相連，因為它倒了，對更新的本身便不能不發生疑問。警察來了，禁止出入，到這個時候，我只好對大家說一句「沒有法子」，彼此分手。從此以後我也就不願意再搭班子演戲。

我這篇《自我演戲以來》，寫到這裏作為結束。曾記得我有個好朋友，頗有知人之目；有一天他評判許多熟人，說某人怪，某人刁，某人清，某人濁，加我一個笨字。的確的確，我不僅是笨，而且很笨。我自知不聰明，便萬萬聰明不得，於是主張說笨話，幹笨事，作笨工夫，這篇自述，也不過是笨話中之一篇罷了。

前半生的事，大致都說完了，這不過敘述平生的經歷，乃用以自省，既不用誇張，也無所事其妝點，只是想到那裏說到那裏。過去的事自顧何能滿足；一成陳跡便懺悔也懺悔不來。若是造些理由，掩飾既往，實在可愧未來的事，是要看自己的才能和努力如何，有一分努力，便無論成敗，無論別人知道不知道，總有一分成績。空口說白話以偉大自期，似乎不免肉麻之誚；而且革命事業，也決不容人獨成其偉大。換句話說，「偉大」與「平凡」的界說到底怎麼樣？在我是不能詳加辨釋。竊以為人生重要的部分，只在日用尋常之中；宗教、哲學、科學、藝術，離開了日用尋常平凡之事，便都無從成立。或者越偉大越平凡，不平凡的只有天上的神仙，但是我們沒有見過；要不然就是殘害人類的偶像。從前功成萬骨枯的將官，如今的甚麼甚麼，無非都是偶像作用。現在我們還脫離不了偶像崇拜的習慣；許多人似乎都希望能供多數人利用的偶像之存在，生怕偶像失了效力，便拼命去一重一重的裝金，或者一面妝點一個偶像，一面高呼打倒偶像，結果把自己造成偶像，這就是偉大。

我不過是個伶人，一個很平淡的伶人，就是現在我雖不登臺演劇，也不過是一個伶人罷了，我對於演劇自問頗忠實，作一個伶人大約可以無愧，有人說我有相當的學識與普通的伶工有別，這是過去的笑話，難道一個伶工，像我這樣一點點淺薄的知識都不要嗎？

附錄：我自排自演的京戲

我自排自演的京戲一共二十四個。其中我自己編的十八個：《晚霞》、《寶蟾送酒》、《饅頭庵》、《鴛鴦劍》、《黛玉焚稿》。《王熙鳳大鬧寧國府》、《摔玉請罪》、《鴛鴦剪髮》、《臥薪嘗膽》、《青梅》、《仇大娘》、《嫦娥》、《申屠氏》、《人面桃花》、《哀鴻淚》、《楊貴妃》、《潘金蓮》、《最後知儂心》。跟張冥飛合編的兩個：《晴雯補裘》、《百花獻壽》。跟張冥飛、楊塵因合編的一個：《黛玉葬花》。此外根據陝西易俗社的劇本改編的兩個：《軟玉屏》、《是恩是愛》（又名《韓寶英》）。

此外我還寫了京戲本《荊軻》、《梁紅玉》、《桃花扇》、《木蘭從軍》、《勝利年》、《孔雀東南飛》，連改編的《玉堂春》、《漁夫恨》共是八個。這八個戲我自己沒有演。現在只就我自己曾經演過的某幾個戲回憶一下。一個人到了晚年多愛敘述往事，可能毫無價值，也可能多多少少有某些可供參考的一點資料，作為自白的一部分或者也未嘗不可。

我正式搭班演京戲，最初就憑十幾齣青衣、花旦戲對付著。這十幾齣戲我是怎麼學來的，就怎麼循規蹈矩的演著，並不斷學新的。有時派戲的忽然派一齣我不會的戲，我就得臨時找人去學，有時也事先通知，讓我學一些當時流行的如《妻黨同惡報》之類的新戲，我不能拒絕，可是一演再演，覺得乏味，也就演不好，我也就想排一點適合於自己演的新戲。偶然同楊塵因、張冥飛兩位朋友講起，他們用兩天的工夫，就為我編了《黛玉葬花》，取材是《紅樓夢》裏「埋香冢黛玉泣殘紅」的一回。戲分兩場，第一場是黛玉自嘆：引子、定場詩、話白、敘述身世，接著唱八句慢板西皮。第七句唱完加小過門，黛玉春倦無聊，走出門去，見花落花飛，更加傷感，便命紫鵑取花囊、花鋤要去葬花。紫鵑勸她不聽，只好任其前去。第二場，寶玉唱搖板上，把地上的落花掃起，用衣襟兜著，倒在黛玉葬花的香冢旁邊，以表心意。此時遠遠望見黛玉走來，他便閃躲在石山後面。黛玉上場，發現香冢旁的花瓣，猜著是寶玉掃的，格外引起她無窮的心事。她開始葬花，唱長段反二黃，唱完念：「儂今葬花人笑痴，他年葬儂知是誰」兩句，嗚咽不成聲。忽聽得身後有飲泣之聲，回頭見是寶玉，她匆忙拿起花鋤就走，被寶玉擋住，彼此反覆問答，最後經寶玉一再表明心跡，解釋了誤會。戲的結構大體就是這樣，場子很簡單，也還是根據舊套子安排的。第二場的對白，差不多完全用的是小說的原文。第一次試演是在春柳劇場，演寶玉的是陳祥雲，演紫鵑的是誰忘了，演完之後，覺得大體不錯，但也沒有引起什麼注意。我把劇本仔細研究了一番，發現了一些問題，第一寶黛二人當時引起誤會的事實，沒有明場交代，因此末了解釋誤會就沒有根據，因此我在前面加了一場。晴雯和碧痕吵了架，寶玉回怡紅院，沒人開門，好容易才叫開門進去。寶釵來訪寶玉，寶玉親自為她開門。寶釵進門不久，恰好黛玉也來看望寶玉，剛一叩門，就聽見丫頭在裏面說：「寶二爺吩咐，誰來都不開門」，她感覺詫異，正想再去叫門，忽聽門內有寶釵的笑聲，登時天旋地轉，不覺哭倒在湖山石畔。在這裏我用了幾句獨白，接著唱西皮搖板，我把小說反覆讀了好幾遍，從各種角度體會黛玉那麼一個人，那麼一個父母雙亡的孤女，寄居在榮國府那麼一個濶親戚家裏，她的心情是怎樣的，我當時覺得那幾句搖板頗能唱出黛玉當時那種激越的情懷，也能傳達她內心深處的幽怨。自唱完哭倒的時候，幻想著小說所形容的「嗚咽一聲猶未了，落花滿地鳥驚飛」的情景。加了這一場，後兩場的戲也就比較好做了；但因此自嘆一場的引子、話白似乎可省，可是當時我並沒有把它省掉。那個時候對青衣的唱工非常注重，觀眾也很歡喜聽慢板，所以大段的唱，並不會顯得很溫。儘管如此，我總覺得老坐那兒唱顯得僵，必須加些動作，因此我就把唱詞略加修改，設想當時黛玉百無聊賴，想彈琴吧，琴也彈不成聲；她便去調鸚鵡，想對鸚鵡傾訴一番，而鳥也不能給她慰藉；她信步出房，見春殘花落，叫紫鵑給她花鋤要去葬花……這樣就增加了動作，比試演那回活潑一些。但是調鸚鵡那一段第一次卻鬧了笑話：我特為去買了一隻鸚鵡，養熟了拿上臺去，起先還好，不想我剛一走近它，它張開翅膀就飛，飛不動，倒吊在架子上，哇哇大叫，幾乎把戲攪了。幸喜我還能臨機應變——我本來有幾句白，不說了，望一望鸚鵡，搖搖頭，嘆一口氣，叫起來就唱，一面唱一面走向門外的方向，這樣就把觀眾的注意轉移到表演方面，過了難關。從此我換了個假鸚鵡，後來索性把調鸚鵡一段刪了。

「葬花」一場的身段表情倒沒什麼困難，自己認為琢磨得相當細緻，只是花鋤如何運用卻費了不少推敲。這在以前沒有——至少我沒見過，要把林黛玉那樣一個弱不禁風的少女舉鋤挖土的動作舞蹈化而適合於京戲的表演風格，當時的確難住了我，演了幾次之後我認為解決了，但回憶起來也並不令人十分滿意。

「葬花」演的場數很多，也比較最受歡迎。在第一臺演寶玉的是周信芳。周先生當然演得好，但在當時，有些觀眾以為小生唱大嗓子不合乎京戲的習慣，頗不以為然。那時我們卻已打破常規，《寶蟾送酒》周先生演薛蝌，《鴛鴦劍》他演賈璉。那時我們都年輕；高百歲初次搭第一臺才十幾歲，派戲的老讓我陪他唱「武家坡」，頗有小女婿之感。信芳和我年歲相若（他小我五歲），身材長短、調門的高低都差不多一祥，這就無論合演什麼戲都比較好辦。可是百歲長得很快，一轉眼就變得很魁梧，平常已經比我高大，穿上厚底靴，戴上盔頭，我便更顯得矮小了。生角和旦角身材大致相等才好，最好生角比旦角高大一點，如果林黛玉比寶玉高大得多，那就難辦了。可是舊日搭班演戲，派戲的卻不大管這些。你如果不暗中（其實是明的）塞點錢給他，他就會千方百計叫你好看。我在第一臺大家相處得很好，還沒有什麼別扭，只可惜我那時對京戲的知識和臺上的功夫都很不夠。

第二個戲我編排的是《聊齋》上的《晚霞》，失敗了。最初我只想到這個戲有些熱鬧場面，也有悱惻纏綿的愛情場面，可以編成比較動人的歌舞劇，至於如何具體在京戲臺上表現出來卻想得很少。例如龍宮裏的許多舞隊應當如何組織安排，我心中無數。我只有一種想像——夜叉部用十六位武行扮夜叉；柳條部用八位或十位戴紫金冠穿射衣的扮美少年；燕子部用八位旦角扮少女……如果有人問我：這些舞隊應當怎樣上場？用什麼音樂？上場怎樣舞法？等等，我都無從回答。幸虧信芳幫忙，這些場面都是他出主意排的。他很熟悉武戲的套子。夜叉部就根據武戲的「當子」走走隊形，翻幾個筋斗；柳條部（少年舞隊）也差不多，一時不可能有什麼新的表演。輪到燕子部那就要看我的了！當時勉強湊了四個旦角，連我五個人，我們要在倉促之間編出一段舞來，那時候是不可能的。結果只好看我單獨表演。我去找了一今比較熟悉的崑曲曲牌，請張冥飛為我填了新詞；再根據詞意設計了一些身段。好容易把吹笛子的請到家裏練了幾遍，就在還沒有十分把握的時候拿去和觀眾見面了。曲子填了新詞，腔調就不能不有所改動；要配合身段，曲子的節奏也不免會有變更；當時排戲不可能過細，馬馬虎虎臺上見，有時真把人急死。你想，只有一支笛子合過，場面都是生的，一到臺上，吹的、打的、唱的還不弄成三下里？鼓催得快，笛子不能不跟鼓走，唱的使勁往後扳。幸喜我還沒有著慌，半路上笛子跟上了我，可是身段亂了，只能敷敷衍衍把戲演完，以致阿端和晚霞相見的抒情場面也受了影響。觀眾雖然沒喝倒彩，甚至在唱腔和表演方面還有彩聲，我回到家裏卻通宵不能合眼。如果在現在，不會有這樣的事，就是有了毛病也可以修改好了再演，但在過去是不能設想的。

這一次演阿端的是信芳，他並幫我排戲，那是真夠朋友。像他那樣一個頭牌生角，熱情地陪一個新進的旦角演那麼多小生戲，從沒有半點猶豫，在舊社會的舞臺上實在難得。以後我編了《潘金蓮》，信芳、百歲、五寶一同在南國社的晚會上演出，證明我們幾位的友誼一直建立在藝術創作的基礎上。周五寶早死了！我和信芳、百歲能同在黨的領導之下進行藝術活動，回憶過去，更增加今天的喜悅。

由於排《晚霞》的教訓，我便不再排用人多、費力大而不易討好的戲。不久我排演了《寶蟾送酒》和《饅頭庵》。這兩個戲都出自《紅樓夢》。《寶蟾送酒》說的是薛蟠犯人命案入獄，他的老婆夏金桂看上了小叔子薛蝌。她叫丫頭寶蟾送些酒菜給薛蝌吃，說他為他哥哥的事在衙門裏上下打點費了力，略表謝意，其實是讓寶蟾去為她穿針引線。不料薛蝌十分拘謹，無論寶蟾怎樣敦勸，酒菜他絲毫沒動，只好原樣端了回去。就這麼一點兒事，送酒一場要演三刻鐘，唱、做、念白都相當重，還穿插了一小段歌舞。我是作為輕喜劇處理的。無拘束地描寫了一個調皮的丫頭，但並沒有什麼露骨的色情表演。因為輕喜劇式的變化多，台下不斷發出笑聲。例如她說怕外邊黑，讓薛蝌拿蠟燭送她，剛一出門她把燭給吹滅了。說聲「明日見」，一回身她又進了屋子。等他點燭一看，她端端正正坐在當中，也就是這樣開開玩笑。最後她去收拾杯盤，一邊收拾一邊瞪著他，嘴裏叨囔著：「你當是聖賢？就是個傻子。這都是孔夫子害了你。害了你們，活該。害死了我們可誰償命！」這樣的詞兒也引起鬨堂大笑。這個戲我也不知怎麼會一時傳播得很廣，聽說有的演得很不像樣，我既沒有發表劇本，也沒有教過人，人家愛怎麼演都管不著，甚至有人說我演得不對，也只能一笑置之。

逼著一個小女孩子去當尼姑，我總覺得是殘酷的。小尼姑小的時候當丫頭使喚；長大了，醜的做粗活，漂亮點的就當作搖錢樹。《紅樓夢》裏所說饅頭庵的老尼靜虛，就是一個說媒拉縴、以勢欺人的妖尼。她手下的小尼姑，都是拿來裝幌子的犧牲品。秦鐘看上了小尼姑智能，智能也就想依靠秦鐘跳出牢坑。自然像秦鐘那樣的公子哥兒是靠不住的，可是智能的愛還是純潔的，不過在那樣的社會環境裏，他們的結局必然是悲劇。《饅頭庵》這個戲演到智能被逐，秦鐘死為止。最後一場，秦鐘在臨死以前夢見智能，我是作為智能也死了的。臺上用紗幕、雲景。做了一個像秋千樣的東西：用約一尺三寸長、五寸寬的木板，兩頭繫上鋼絲，吊在布景的天橋上面，有人從上面操縱，可以上下升降，可以迴轉，也能左右搖擺。演員站在木板上，腰裏用兩根包著鐵絲彈簧的帶子紮緊，外面套上長裙，再繫腰裙，這樣就鐵絲木板都看不見，只見人在空中飄來飄去。只要腿有勁，一條腿懸空，一條腿蹲下去可以做臥魚的姿式；站直了也能下腰。臥魚的時候台下看著好像躺著在空中飛；一下腰好像人倒懸著在空中飛。那時候我年輕力壯，吊在空中唱大段反二黃。有一次我在新舞臺演這個戲，因為舞臺寬，天橋特別高，鋼絲就不能不接長，夏月潤在上邊操縱，可能他用的氣力過大一點，剛唱到一半，鋼絲斷了一根，腳下的木板一下就蹦到我的腋下，幸喜另外一根鋼絲沒斷，我使勁用膀子夾住木板，還把一段戲唱完了。那時候我就會幹這樣的笨事。

我一共演了九個《紅樓夢》的戲，其中以《黛玉葬花》、《寶蟾送酒》、《饅頭庵》三個最受歡迎，其次是《晴雯補裘》、《黛玉焚稿》和《王熙鳳大鬧寧國府》（我飾王熙鳳，頗下過一番工夫）。《晴雯補裘》是張冥飛編的。原只有「補裘」一場，我在後面加了三場，一直演到晴雯死，我覺得這個戲還不錯。從晴雯之死，可以看出榮國府生活的陰暗，晴雯這樣的一個犧牲者是值得同情的。還有我最愛演的一齣就是《鴛鴦劍》，我很歡喜尤三姐那樣的性格。賈璉那傢伙想把她姊妹當粉頭取樂，她敞開來一鬧，鬧得他弟兄只好夾著尾巴逃走。可見她是有主意的，斬釘截鐵的，人窮志不窮，可是在賈家那樣的環境裏，她也只有枉死。每次我演和賈璉使酒一場總是淋漓盡致，揮灑自如；演到自刎的一場，總不由得十分激動。這個戲原來是我在長沙辦文社的時候，用話劇的形式編的，改成京戲，話多而唱少是個缺點，因此不如《葬花》等戲賣座。

我第一次到杭州搭班子，恰好跟常春恒同班。他是個相當精幹的武生，年輕，精神飽滿，嗓子好，工夫好，扮相也好。我就為他編了《臥薪嘗膽》。據說我們姓歐陽的是越王勾踐的後裔，因為越的祖先封於歐餘山之陽，這就是歐陽姓的由來。我的祖父和我的先生都曾對我講說過越王勾踐的故事，及至我讀了《通鑑》、《史記》和《吳越春秋》之後，我對越王勾踐這個人並不是十分喜愛的。當時我排這個戲為著跟常春恒合作，主要的原因還是為著外患侵凌，想借這個故事鼓吹愛國，希望大家以臥薪嘗膽的精神一致抵抗外侮。這個戲演出之後，效果是不壞的。不到一個星期我就把劇本寫好了，交給常春恒的單片就有八頁。我還記得他接到手裏就叫起來：「這樣多啊！要黃要黃。」以後他見我的面老愛說：「八張黃，八張黃。」在這個戲裏，春恒演勾踐。大家都讓我演西施，可是我自己願意演越王夫人，西施讓另外一個花旦演了。有一場寫勾踐戰敗降吳後，暫時被放回國。越王和范蠡文種討論報仇之策，商訂如何整頓軍事；如何與百姓休養生息。勾踐處理國事通宵不睡，這裏有許多的白和大段的唱，還有拔劍起舞。他的夫人在旁伺候著，半夜端飯給他吃，他就把旁邊放著的膽汁滴在飯裏。夫人說：「那麼苦怎麼吃得下？」他桌子上一拍說：「難道還有比亡國更苦的嗎？」接著站起來，唱著曲子舞劍。起四更，夫人苦勸他睡覺，他睡在稻草上面，夫人在一旁看守著，輕輕地給他蓋上衣裳，這裏夫人唱一段二黃。起五更，范蠡來請越王閱兵，越王驚起叫道：「吳兵又殺來了嗎？」這一場下來有閱兵、勸農的場面。夫人就有採桑、幫人家看嬰兒的場面……末尾有大開打，勾踐報了仇，雪了會稽之恥。他走進吳宮遇見了西施——這裏我是這樣處理的——他問西施：「吳王死了，你打算怎麼樣？」西施略一遲疑說：「我一女子不敢希求什麼，願借大王之劍死於大王之前。」她就拔出越王的劍自刎了。當時有些人認為這樣不好，說是應當和范蠡去遊五湖。我本想改著試一試，但因沒有想出場面怎麼安排，就因循過去了。常春恒演勾踐還是恰到好處，以後有的武生就演得十分過火。可是這個戲一直是比較能叫座的。

我跟常春恒合作就只有這一次，此後我搭了別的班子，他回到上海搭了天蟾舞臺，因為跟老闆顧竹軒鬧別扭，辭班出來改搭第一臺，與天蟾唱對臺，不久就被顧竹軒暗殺了。

有兩個戲我費了很大的事編排出來，結果不如隨便弄出來的小戲賣座。一個就是《楊貴妃》，另一個就是《申屠氏》。

楊貴妃和唐明皇相愛的故事，流傳很廣也很久，大家都認為他們是「在天願作比翼鳥，在地願力連理枝」，可是我的戲卻認為李隆基並不真愛楊玉環，不過是把她當作玩物。當「六軍不發無奈何」的時候，就把誤國的責任推在女人身上，賜她一死；反不如安祿山對楊玉環的愛是真摯的。這樣就違反了一般的習慣看法。「馬嵬坡埋玉」一場，照《長生殿》傳奇是異常悱惻纏綿的。照一般的習慣，皇帝和妃子應當演得難捨難分，而楊玉環之死，也可以表現為忠君愛國、為國捐軀，我卻把她演成激昂慷慨反抗封建帝王那種自私的、虛偽的愛。她臨死拿起皇帝賜給她的白綾子，激動地唱著舞著，最後幾句唱詞是：「……籠中鳥難把翅展，盆中花舒不開枝幹，夢醒時不過剎那間，望遠天邊人不見！白練啊！我愛你沒染過的潔白，就與你終始纏錦！」唱完舞完，她就拿白綾子繞在脖子上由高力士把她縊死。我為這個戲編了宮女的隊舞、番女的胡旋舞、盤舞和最後的白練舞，又為這些舞編製了好幾段舞曲；還為七夕宮女的合唱編了新的曲子；我為編白練舞花了整整半年的時間練習舞長綢，還琢磨了一些新的唱腔。因為編戲、排戲、編曲、編舞都由一個人包辦，所以花的時間、勞力特別多，以為必定大受歡迎，結果是不過平平而已。觀眾的反映不夠熱烈就是失敗。我修改了好幾次，但根本的東西沒法子改。這個戲用人比較多，費的氣力大，演的場數不少，而演出的效果不夠好，是《晚霞》以後又一次的經驗。《申屠氏》的故事載在《情史》，據說是福建的一樁公案。申屠希光，一個漁家的女孩子，她和她的哥哥兄弟都通文墨，能夠吟詩。她有首律詩，後面四句是：「霧裏嗚螺分港釣，浪中拋纜枕霜眠，莫辭一棹風波險，平地風波更可憐。」她本來許了人家，不想被惡霸方六一看上了，硬要娶她，就買通縣官，把她的未婚夫攀扯在海盜案中，死在牢裏；把希光強行搶回家去，希光伺機刺死六一後自殺。這個戲觀眾認為太慘，後來我便把希光的自殺改成殺六一後逃出方家，許多家丁拿著兵器追趕，她逃到海邊跳上船，她的哥哥迎著她，扯起篷，搖著櫓，向大海茫茫驚濤駭浪中駛去。這樣似乎好一些，但是在臺上很不容易形象化，似乎也並不是很好的方法——我在生活中有海上的經驗，但在臺上只有《打漁殺家》、《水鬥》的經驗，創造不出海上行舟的形象。可見創作才能的貧乏。這樣的戲很容易演得單調，我本想把它從新寫過，當時因為沒有把握叫座就擱下了。

《聊齋》的戲我排演過四五個，《青梅》和《嫦娥》比較叫座。《嫦娥》也搞些歌舞。我和芙蓉草對舞彩球，另外還布月宮景，搭起高臺，我們又在高臺上不記得舞了些什麼，窮湊而已，觀眾都大鼓其掌。有一次我幾乎失足從月宮的高臺上摔下來。老實說這個戲是沒什麼意思的。《青梅》比較好。我歡喜演那樣一個聰明活潑的丫頭。《嫦娥》是照神話演的，《青梅》便把狐仙和相面等等都刪改了。可是這兩個戲結局都是一個男人娶兩個老婆，原來的故事就是那樣，沒法兒改，我也只好讓他去娶兩個老婆。嚴格點說，不應該排這樣的戲卻是真的。

張冥飛還替我編過一個戲《百花獻壽》，取材於《今古奇觀》的灌園叟逢仙女。說一個園丁愛惜花木，當他的壽辰，百花仙子來為他祝壽。我扮百花仙子，少不得又是歌舞。在這個戲裏我又表演了長綢舞，很受歡迎。舞的是兩條長綢，一條緋色、一條湖色，先舞一條，最後加一條。人家說我舞的綢子有幾丈長，實際長一丈九尺——我試過，再長半寸都不行——短了不得勁，長一點就舞不動。我的長綢舞是不用木棒的。先將長綢折疊起來，拿在手裏，放出去，再收回來；扔一個頭接另一頭，倒換著一邊扔、一邊接，加上翻身和一些姿態，再雙手接兩個頭，跟著幾個鷂子翻身，將綢向空中一拋使成一個圓圈，人從圈裏跳過去，反手將綢接住；然後拿起另一條綢子，兩隻手換來換去，讓兩條綢飄在空中，用幾個快轉身作為結束。舞綢頗容易出毛病，或者掛住頭上珠花，或者纏在身上，要不然就扔出去接不中，可是我從來沒出過錯。算不了什麼藝術，卻也下過一些工夫。還有，我曾舞一對銅盤，裏面盛滿鮮花，盤底有一個很淺的小圓渦，用手指頂住，盤子就在指頭上轉。還做出些看來盤子很容易掉在地下的各種轉法，我端著滿盤花，取其中十餘朵，一朵一朵撒在臺上。然後用臥魚的姿式臥下去，用嘴把花一朵一朵咬起來。精神氣力好的日子可以連咬八九朵。起先慢慢兒臥下去，慢慢兒站起來；最後用快的動作，轉個身突然臥下去咬起花來。這樣顯得有變化，容易使觀眾喝采，但也是比較難做的：怕臥下起不來；又怕臥得不是地方，花離嘴遠叼不起來；還怕手裏的盤子滑掉。我每次都感覺緊張，都還沒有出過岔子。我在漢口演這出戲是排在臨別紀念那天的。我定製了兩盤可以佩在衣襟上的鮮花，每朵都繫上一片硬紙條，上面寫一句如「康強逢吉」、「健康進步」、「民富國強」之類的話，一朵一朵拋向臺下贈給現眾。那時還有臨別送相片的廣告方法，戲館老闆就把我的相片並一朵花送給前排的觀眾。這樣取悅現眾，確是庸俗無聊，我卻曾經這樣做過。

緊跟著《百花獻壽》，我編排了《哀鴻淚》。這個戲主要諷刺發慈善財的，也順帶罵了軍閥和土豪劣紳。老爺們看了當然大不高興。有的人冷笑，有的人聽了，提到這個戲就沉下臉來一語不發。水旱災害不斷有，募款賑濟也成了經常的善舉。我離開南通那年，演了全本《岳飛》，戲裏有水災一場，我有所感觸；又想起曾聽到有人說：「某某先生者以慈善起家者也。」我就想編一個戲叫《慈善起家》，後來覺得過於露骨，便改為《哀鴻淚》。我在裏面扮的是一個逃荒的女子。她經過許多苦難，轉徙流離，最後到了城市，得到一個同鄉的幫助，以小販為生。誰知這個同鄉是個流氓，要把她出賣。她想逃回鄉下去，又病又餓，走過一家軍閥的門口，猝然倒下，被逮送警局，她死了。我演她當小販的一場，挑幾個西瓜去賣，唱了兩支小曲：一支是《蘇州春調》，另一支是《滿江紅》，用來訴苦，又諷刺時事。我隨編隨唱，越唱越多。即興之作，只圖唱個痛快，有些話過分刺激一點在所難免。這樣的戲是不會成為保留節目的。不想「賣西瓜」卻有了名氣，我曾單獨表演過好幾次「賣西瓜」。

《人面桃花》也是匆匆忙忙湊成功的戲。因為受了漢口的聘，怕沒有新戲不能叫座，就想起了崔護乞漿的故事。我弄了個輪廓就去找冥飛商量，他很高興，馬上為我寫了兩段唱詞：「春來春去，無計留春住！爭奈江關春暮——綠遍平蕪，紅添芳樹！問東皇歸期近也無？」這首詞我很喜歡；還有一段二六。崔護離開長安一年，到哪裡去了？冥飛出主意，說他到終南山讀一年書去考「不求聞達科」，後來我覺得僻典不大好，改來改去改成現在發表的劇本那樣。這個戲臨上臺還沒有完整的劇本，是邊演邊改弄成的。「離魂」一場原來只用一個旦角扮桃花仙子，手裏拿面大旗。第一次那個演員念的完全是「水詞兒」（隨便套用的臺詞，行話叫作放水，又叫水詞兒）：「吾乃桃花仙子是也，只因他二人有姻緣之分，速速送她還陽，遠遠望見杜宜春來也！」當時也就沒去管它。觀眾歡迎這個戲。有人就說「離魂」一場是迷信；還有人提出：人死了還會再活，崔護一叫那女子就活了，不合理，非改不可。這些意見可能還不是個別的。以後聽說有女角在別處演我的戲就刪去了「離魂」一場，並把杜宜春之死改為病重。我堅持要「離魂」那場，但覺最初演得太草率，就從新寫過了。借桃花仙子的唱白，表達杜宜春的心情。照現在發表的劇本，當我演戲的那個年月是無法實現的。舊日搭班子如果想演新排的戲，只有極力把自己幾場要緊的戲弄好，別的場子就只好將就一些。有人問我：為什麼忽然不唱戲了？本來我從一九二八年還能多唱八、九年或者十一、十二年戲，但是自己無力找一班人組織劇團，搭班子又有種種困難，就只能改行。像我那時的情形，勉強演下去也不過聽老闆的指揮，拿幾個錢維持生活而已。

當我決定不再搭班子的時候，還能和信芳、百歲合演《潘金蓮》是最偷快的。《潘金蓮》是我自編自演的最後一個戲，也是和信芳、百歲同臺合演的最後一個戲，很可紀念。這個戲我把潘金蓮作為一個叛逆的女性描寫，當時頗受歡迎。我們在南國社的魚龍會演出後，又為伶界聯合會籌款在大舞臺演了一次。此後我短期間去跑了跑碼頭，演了我的幾個熟戲，也演了《潘金蓮》，因為角色不同，那就差多了，回到上海我便沒正式登臺演過戲。

我演了十幾年京戲，對戲曲改革有過些想法，也作過些嘗試，雖沒有什麼貢獻，但感情極深，我脫離了京戲舞臺生活，但並沒脫離後臺。我還編過前面提到的《梁紅玉》等七八個劇本，都在舞臺上排演過多次。這七八個戲當時都是有為而作：《梁紅玉》、《桃花扇》、《勝利年》、《木蘭從軍》等都是為抗戰作宣傳；《漁夫恨》根據《打漁殺家》改編，加強了階級仇恨的描寫。至於這幾個戲是怎樣演出的，效果如何，不擬在這裏多談。我從編《潘金蓮》起創作思想有所轉變，寫出了一些暴露國民黨反動統治的短劇。由於「一‧二八」事變的刺激，我的思想向前跨了一步，認識到只有工農、只有中國共產黨能救中國。但並不懂得什麼是革命的人生觀；也不懂得應當轉變立場，更不懂得立場可以轉變。我明確了藝術是革命的武器，但由於沒有政治的指導，不懂得如何充分運用這個武器。所以儘管寫了一些劇本，談不到有任何成就。尤其回想過去：我當了近二十年的職業演員，一直沒有追上真理的光明。我所受的困苦艱難並不少，而我的青年時代就在暗中摸索著過去了！今天看見中國的戲劇事業在黨的領導之下突飛猛進，許多演員、導演在自由的空氣中飛躍，真幸福啊！過去我們的舞臺掌握在買辦流氓和反動派手裏，今天歸了人民自己的手裏，戲劇事業走上了百花齊放、推陳出新的正確道路，隨著文化高潮，正在日新月異，蓬勃發展。面對萬紫千紅的今日，不禁想起霜風淒緊的當年，真覺等閒白了少年頭也。惟有加倍努力，追上時代的步伐，以迎接祖國共產主義文化輝煌燦爛的明天。

一九五八年冬

（選自一九五九年一二月作家出版社出版的《一得餘抄》）

血歷史102　PC0697

新銳文創
INDEPENDENT & UNIQUE

歐陽予倩回憶錄
——自我演戲以來

原　　著	歐陽予倩
主　　編	蔡登山
責任編輯	杜國維
圖文排版	莊皓云
封面設計	葉力安

出版策劃	新銳文創
發 行 人	宋政坤
法律顧問	毛國樑　律師
製作發行	秀威資訊科技股份有限公司 114 台北市內湖區瑞光路76巷65號1樓 電話：+886-2-2796-3638　傳真：+886-2-2796-1377 服務信箱：service@showwe.com.tw http://www.showwe.com.tw
郵政劃撥	19563868　戶名：秀威資訊科技股份有限公司
展售門市	國家書店【松江門市】 104 台北市中山區松江路209號1樓 電話：+886-2-2518-0207　傳真：+886-2-2518-0778
網路訂購	秀威網路書店：http://store.showwe.tw 國家網路書店：http://www.govbooks.com.tw

出版日期	2017年12月　BOD一版
定　　價	230元

Printed in Taiwan

國家圖書館出版品預行編目

歐陽予倩回憶錄：自我演戲以來 / 歐陽予倩原
著；蔡登山主編. -- 一版. -- 臺北市：新銳
文創, 2017.12
面；　公分. -- (血歷史；102)
BOD版
ISBN 978-986-95452-7-3(平裝)

1. 歐陽予倩　2. 回憶錄

782.887　　　　　　　　106021031

讀者回函卡

感謝您購買本書，為提升服務品質，請填妥以下資料，將讀者回函卡直接寄回或傳真本公司，收到您的寶貴意見後，我們會收藏記錄及檢討，謝謝！如您需要了解本公司最新出版書目、購書優惠或企劃活動，歡迎您上網查詢或下載相關資料：http:// www.showwe.com.tw

您購買的書名：________________________________

出生日期：________年________月________日

學歷：□高中（含）以下　□大專　□研究所（含）以上

職業：□製造業　□金融業　□資訊業　□軍警　□傳播業　□自由業

□服務業　□公務員　□教職　□學生　□家管　□其它_____

購書地點：□網路書店　□實體書店　□書展　□郵購　□贈閱　□其他

您從何得知本書的消息？

□網路書店　□實體書店　□網路搜尋　□電子報　□書訊　□雜誌

□傳播媒體　□親友推薦　□網站推薦　□部落格　□其他__________

您對本書的評價：（請填代號　1.非常滿意　2.滿意　3.尚可　4.再改進）

封面設計____　版面編排____　內容____　文／譯筆____　價格____

讀完書後您覺得：

□很有收穫　□有收穫　□收穫不多　□沒收穫

對我們的建議：________________________________

____

____

____

請貼
郵票

11466
台北市內湖區瑞光路 76 巷 65 號 1 樓
秀威資訊科技股份有限公司 收
BOD 數位出版事業部

……………………………………………………………………………………………

（請沿線對折寄回，謝謝！）

姓　　名：＿＿＿＿＿＿＿＿＿　年齡：＿＿＿＿　性別：□女　□男

郵遞區號：□□□□□

地　　址：＿＿＿＿＿＿＿＿＿＿＿＿＿＿＿＿＿＿＿＿＿＿＿＿＿

聯絡電話：(日)＿＿＿＿＿＿＿＿＿＿(夜)＿＿＿＿＿＿＿＿＿＿

E-mail：＿＿＿＿＿＿＿＿＿＿＿＿＿＿＿＿＿＿＿＿＿＿＿＿＿